팬데믹 머니

감염된 경제, 풀린 돈의 역습에 대비하라

팬데믹 머니

KBS 다큐 인사이트 〈팬데믹 머니〉 제작팀 지음

김진일 감수

리더스북

일러두기

이 책의 본문은 KBS 다큐 인사이트 〈팬데믹 머니〉의 방송 영상과 대본, 방송 준비용 각종 자료 등을 바탕으로 하되, 책의 형태에 맞도록 재구성되었습니다.

코로나19 경제 위기로부터 세상을 구하기 위해 쏟아져 나온 돈,

그러나 인류가 가장 중대하게 여기는 거래의 신뢰를 뒤흔든 돈,

바이러스만큼이나 전 세계를 엄청난 유동성에 감염시킨 치명적인 돈,

추락하는 실물경제와 최대 호황인 자산 시장을 동시에 만드는 기이한 돈,

우리는 이 돈을 '팬데믹 머니'라 부르기로 했습니다.

이 책에 도움을 주신 국내외 경제 전문가 14인

김진일(고려대 경제학과 교수)

통화정책을 전문으로 하는 거시경제학자다. 1996~1998년, 2003~2011년 미국 연방준비제도이사회에서 통화정책 전략과 거시경제 모형에 대해 연구 및 분석하는 일을 했다. 1998~2003년 버지니아대학교에서 학생들을 가르쳤으며, 1998년과 2007~2009년에는 미국 조지타운대학교에서 경제학과 비상임 교수로 재직했다. 2010년부터는 고려대학교 경제학과 교수로 재직 중이다. 2012년에 제42회 매경 이코노미스트상을 수상했다. 서울대학교를 졸업한 뒤 미국 예일대학교 대학원에서 경제학 박사 학위를 받았으며, 저서로『동태적 거시경제학: 성장과 변동』(공저) 등이 있다.

김학균(신영증권 리서치센터장)

자본시장의 흥망성쇠를 다년간 몸소 체험하며, 개인 투자자들에게 성패의 핵심 요인을 조언하고 함께 교감하려 하는 투자 분석가다. 신한금융투자, 한국투자증권, 대우증권 리서치센터에서 일하며 기관 투자가들이 선정하는 '베스트 애널리스트'에 수차례 선정됐다. 성균관대학교 경제학과를 졸업했으며, 저서로는『주식투자』, 공저서로는『부의 계단』『기억을 공유하라! 스포츠 한국사』가 있다.

노미 프린스 Nomi Prins(탐사 저널리스트, 전 골드만삭스 임원)

중앙은행을 중심으로 한 새로운 권력의 시대를 지적하며 경제 개혁을 거침없이 주장하는 선도적인 금융 전문가다. 리먼브라더스, 골드만삭스 등에서 일하며 월가가 금융 위기의 주범으로서 세계경제에 미치는 영향을 깨닫고, 이후 저널리스트로서 이를 알리기 위해 힘쓰고 있다. BBC, CNN, CNBC 등의 방송과《뉴욕타임스》《포브스》《포천》등의 전문지를 통해 다양한 경제 사건들이 금융 시스템에 미치는 광범위한 영향력을 경고한다. 저서로는『공모Collusion』등이 있다.

류루이劉瑞(중국 인민대 경제학원 부원장)

중국 정부의 경제 성장 전략 설정에 참여한 중국의 대표적인 경제학자다. 중국 금융시장의 위험 요인인 그림자 금융 문제를 지목해 주목받았으며 중국 경제의 지속 가능한 발전 모델에 관해 정부에 정책 자문을 하고 있다. 인민대학교 국민경제관리학과 주임, 한중사회과학학회 부회장, 대만 중화경제연구소 수석연구원 등을 지내왔다. 인민대학교에서 경제학 박사 학위를 받았고 서울대학교 경제학부에서 박사 후 과정을 밟았다.

리처드 쿠Richard C. Koo(노무라종합연구소 수석연구원)

일본 수상들에게 경제 문제를 조언하는 등 일본의 금융시장 분야에서 가장 신뢰할 수 있는 경제학자다. 일본경제금융신문 및 일본경제공사채정보에서 최고의 경제 전문가로 선정됐고, 2001년 전미실물경제협회에서 에이브럼슨상을 수상했다. 뉴욕 연방준비은행 연구원, 와세다대학교 객원교수, 연방준비제도 이사회 객원연구원 등을 지냈다. UC 버클리대학교 졸업 후 존스홉킨스대학교 경제학 박사 과정을 수료했다. 저서로는 『밸런스시트 불황으로 본 세계 경제』『대침체의 교훈』등이 있다.

박종훈(KBS 보도본부 통합뉴스룸 디지털뉴스부 기자)

많은 현장 경험을 바탕으로 다양한 탐사 보도와 기획 보도를 이뤄낸 국내 최고의 경제 및 금융 분야 전문 기자다. 금융감독위원회 설립과 함께 긴박하게 진행됐던 외환 위기 극복 과정과 9.11 테러를 현장에서 직접 취재했고, 2008년 글로벌 금융 위기 등 굵직한 경제 이슈들을 담당해왔다. 2007년 제34회 한국방송대상 '올해의 보도기자상'을 비롯한 방송통신심의위원회, 한국기자협회 등에서 다수의 상을 받았다. KBS 〈특파원 보고, 세계는 지금〉〈박종훈의 경제쇼〉 등 다수의 방송과 KBS 공식 유튜브 채널 〈박종훈의 경제한방〉을 통해 재미있고 밀도 높은 경제 지식을 전해왔다. 서울대학교에서 국제경제학 학사, 경제학 석사 및 박사 학위를 받았으며 스탠퍼드대학교 후버연구소에서 객원연구원을 지냈다. 저서로 『부의 시그널』『부의 골든타임』『2020 부의 지각변동』『빚 권하는 사회에서 부자되는 법』『박종훈의 대담한 경제』『지상 최대의 경제 사기극, 세대전쟁』『2015년, 빚더미가 몰려온다』등이 있다.

안유화(성균관대 중국대학원 대우전임교수)

한중 양국 간의 경제 협력에 관한 다양한 연구 및 분석을 수행하는 국내 최고 중국 경제 전문가다. 다수의 국가기관 및 기업에 자문을 담당하며 전문적인 조언을 아끼지 않고 있다. 다양한 방송과 유튜브 채널을 통해 중국의 경제를 비롯한 문화 전반에 대한 대중의 이해를 높이려고 노력하고 있다. 연변대학교에서 법학 석사 학위를 받은 후 동 대학교에서 교수로 재직하다 한국으로 건너와 고려대학교에서 경영학 박사 학위를 취득했다. 자본시장연구원 국제금융실 중국 담당 연구위원, 외교부 경제분과 정책자문위원, 국가지식재산위원회 전문위원을 지냈으며, 한국예탁결제원 객원연구원이다. 『중국발 세계 경제 위기가 시작됐다』『돈은 잠들지 않는다』를 감수했다.

오건영(신한은행 IPS그룹 부부장)

글로벌 금융시장의 전망을 비롯한 양질의 경제 지식을 네이버 카페와 페이스북 등 SNS를 통해 활발히 전하는 경제 전문가다. 신한 AI Advisory 본부, 신한금융지주 디지털전략팀과 신한은행 WM사업부 등을 두루 거치며 글로벌 매크로 마켓에 대한 전문적인 분석과 함께 신한금융그룹 내 매크로 투자 전략 수립, 대외 기관 및 고객 컨설팅 등 다양한 업무를 수행했다. 거시경제 전문가로서 다양한 투자 솔루션을 제공하며, KBS라디오와 MBC를 비롯한 방송 외에도 〈신사임당〉〈삼프로TV 경제의 신과함께〉〈김미경 TV〉 등 다수의 유튜브 채널에도 출연해왔다. 서강대학교 사회과학부와 에모리대학교 고이주에타 경영대학원을 졸업했으며 미국 공인회계사 등 다수의 금융 관련 자격을 보유하고 있다. 저서로는 『부의 시나리오』 『부의 대이동』 『앞으로 3년 경제전쟁의 미래』가 있다.

윤석천(경제평론가)

금융시장에 대한 통찰력을 바탕으로 자본주의와 성장주의의 민낯을 밝히고 미래에 대한 합리적 추론을 이끌어내는 칼럼니스트다. 한국능률협회, 대한경제교육개발원, 선대인교육아카데미 등에서 환율 및 투자 관련 강의를 했다. 《한겨레》 '세상읽기', 선대인경제연구소 '윤석천의 글로벌 뷰', 《이코노미 인사이트》 'Finance' 등 신문 및 잡지에 칼럼을 집필해왔으며, 여러 방송 프로그램에 출연해 경제를 알기 쉽게 설명하고 있다. 저서로는 『경제기사가 말해주지 않는 28가지』 『화폐 대전환기가 온다』 『부의 타이밍』 『수업 시간에 들려주지 않는 돈 이야기』 등이 있다.

이하경(브이아이자산운용 글로벌사업본부장)

20여 년간 금융업계에 종사하며 2000년 닷컴 버블, 2008년 글로벌 금융 위기 등 격변하는 시장의 한복판에서 경제 환경의 변화를 연구해온 투자 전문가다. 대우증권, 삼성생명, 삼성자산운용, 롯데손해보험 등 대형 증권사와 보험사, 자산운용사를 두루 거치며 투자의 성패를 결정하는 본질적 요소가 무엇인지 끊임없이 연구해왔다. 이화여자대학교에서 정치외교학 및 경영학, MIT 슬론경영대학원에서 MBA 학위를 받았다. 저서로는 『달러 없는 세계』가 있다.

장민(한국금융연구원 선임연구위원)

국내외 금융 제도와 정책 전반에 대한 연구 및 분석을 통해 금융 산업의 발전과 금융 정책 수립에 기여하고 있는 금융 전문가다. 1990년 한국은행에 입행한 후 조사국에서 통화분석팀 과장과 조사총괄팀 차장을 거쳤으며 뉴욕사무소 워싱턴 주재원을 지냈다. 2015년 2월에는 조사국장으로 임명돼 성장률과 물가 전망을 담당했다. 미시간주립대학교에서 경제학 박사 학위를 받았다.

제러미 리프킨Jeremy Rifkin(미국 경제동향연구재단 이사장)

과학기술 발전이 경제, 사회, 노동, 환경 등에 미치는 영향에 대한 광범위한 연구를 통해 현재 문명이 맞이한 위기를 지적하고, 미래 사회를 재편할 새로운 경제적 패러다임을 제안해온 저명한 사회사상가다. 펜실베이니아대학교 와튼스쿨 최고경영자과정 교수로 재직하고 있으며, 비영리단체 경제동향연구재단을 설립해 사회의 공공 영역을 수호하기 위한 계몽 운동 및 감시 활동을 펼치고 있다. 펜실베이니아대학교 와튼스쿨에서 경제학을, 터프츠대학교 플레처법률외교대학원에서 국제관계학을 공부했다. 세계적인 베스트셀러 작가로 『글로벌 그린 뉴딜』 『엔트로피』 『한계비용 제로 사회』 『3차 산업혁명』 『공감의 시대』 『노동의 종말』 『유러피언 드림』 『수소 혁명』 『육식의 종말』 『소유의 종말』 『바이오테크 시대』 등의 저서가 있다.

제이슨 셍커Jason Schenker(프레스티지 이코노믹스 회장)

금융과 경제 분야에서 블룸버그가 선정한 세계 최고의 예측가이자 미래학자다. 블록체인, 비트코인, 암호 화폐, 양자 컴퓨터 등 일과 금융의 미래에 관한 다양한 분석을 바탕으로 국제기구 및 미 정부를 비롯한 연방준비제도이사회 등에서 자문 역할 및 기조 연설을 했다. CNBC, CNN, ABC, NBC, Fox, BNN, Bloomberg Germany, BBC 등에 출연했으며, 《월스트리트 저널》 《뉴욕 타임스》 《프랑크푸르터 알게마이네 차이퉁》 등에 그의 분석들이 실렸다. 초당파 기구 텍사스 기업 리더십협의회의 CEO 100인에 속해 있으며, 전미법인이사회연합의 정부 선임연구원으로서 이외에도 각종 이사회에 소속되어 있다. 또한 텍사스의 저명한 초당파 리더십 그룹 텍사스 레퀴움 집행위원회의 재무 부문 부사장을 맡고 있다. 저서로는 『로봇 시대 일자리의 미래』 『반란의 경제』 『금융의 미래』 『코로나 불황을 이기는 커리어 전략』 『코로나 이후의 세계』 등이 있다.

홍기훈(홍익대 경영학부 교수)

디지털 화폐 등 금융시장을 지속적으로 연구해온 경제학자다. 세계 유수의 투자은행과 캐나다 중앙은행, 자본시장연구원, 시드니 공과대학에서 일하며 쌓은 금융 실무에 대한 경험을 바탕으로 다양한 연구 분석을 수행해왔다. JTBC 〈차이나는 클라스〉에 출연해 비트코인의 실체와 시장의 미래에 관한 대중의 이해를 돕기도 했다. 케임브리지대학교에서 경제학 박사 학위를 받았으며 저서로는 『ICO의 이해』 『국내 미술금융 활성화 전략 및 활용방안』이 있다.

차례

PART 1 인류 최대의 화폐 실험

PART 2 빚이 돈을 버는 생존 게임

INTRO

코로나로
양분된 세계

코로나 경제의
두 얼굴

#코로나19
#팬데믹
#록다운
#경제위기

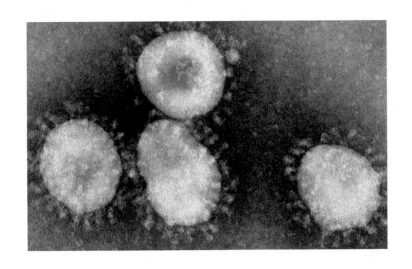

팬데믹 이후의 세상은
우리가 알던 세상이 아닙니다.

이전에 없었던 새로운 바이러스의 등장으로
전 세계는 지금껏 경험해보지 못한
새로운 위기를 맞이했습니다.

수많은 사람들이 목숨을 잃었고
지금도 그 공포는 계속되고 있습니다.

오늘은 매우 참담하고 가슴 아픈 날입니다.

500,071명이 사망했습니다.

— 2021년 2월 22일 조 바이든 미국 대통령

최악의 전염병이 휩쓸고 간 자리에는

절망이 자리 잡았습니다.

보건의 위기에 처한 수많은 국가들은

결국 서로를 향해 빗장을 걸어 잠갔습니다.

활력이 넘치던 거리는 텅 비었고,

상점과 공장이 문을 닫았습니다.

노동자들이 하루아침에 일자리를 잃으면서

매일 출퇴근하는 풍경도 사라졌습니다.

과거 경제적 요인에서 촉발된 경제 위기와 달리

감염병이라는 생태 위기가 야기한 글로벌 록다운lockdown* 은

짧은 시간 안에 유례없는 심각한 충격을 안겼습니다.

---

* 사람의 이동, 행동을 제재하는 봉쇄 조치. 공장, 상점 등의 운영을 중단하는 셧다운(shutdown)과 구별된다. 영국 콜린스 사전에 의해 2020년 올해의 단어로 선정됐다.

"대규모 봉쇄가 일어났습니다.
대공황 이후 최악의 경제 침체이며 세계 금융 위기보다 더 심각합니다."

— 2020년 4월 14일 기타 고피너스 IMF 수석 경제학자

나스닥증권거래소에서 환호하는 사람들

그러나 마치 전혀 다른 세상인 듯
한편에서는 돈 파티가 연일 펼쳐집니다.

감사합니다. 모두를 축하하고 싶습니다.
주식시장 다우존스 산업평균지수가 3만 선을 돌파했습니다.
이는 역사상 최고치입니다.
신비의 숫자 3만, 누구도 이를 달성하리라 생각 못 했죠.

— 2020년 11월 24일 도널드 트럼프 전 미국 대통령

이건 말도 안 돼요.
지금 보시는 것처럼 제 계좌는
지금 두 시간 넘게 백만 달러를 계속 상회하고 있어요.

— 도지코인(암호 화폐) 투자자

인류 역사상 최악의 재난이 만들어낸
서로 다른 두 개의 세상.

이 기이한 세상은 어떻게 만들어진 것일까요.

자산 시장의
이상 열기

#주식

#부동산

#신고가

#패닉바잉

코로나19 사망자 수가

세계에서 가장 많은 국가, 미국

하지만 참담한 현실과 달리

주식시장은 연일 호황을 누리고 있습니다.

뉴욕 증시의 3대 지수*는 모두

코로나19 팬데믹 이후 반등세를 보이며

연일 사상 최고치를 경신하고 있습니다.

(2000년) 닷컴 버블이 터질 때 나왔던 수치를 넘어

역사상 가장 높은 수치를 기록했습니다.

— 샘 스토벌 투자리서치회사 CFRA 수석 투자 전략가

* 뉴욕 증시의 3대 지수라고 하면 다우지수와 나스닥지수, S&P500지수를 말한다. 다우지수는 다우존스앤컴퍼니(Dow Jones & Company)에서 만든 지수로 뉴욕증권거래소에 상장된 우량 기업 30개의 주식 종목을 기준으로 산출한다. 나스닥지수는 뉴욕증권거래소가 아닌 장외 시장인 나스닥의 3000개 내외 종목으로 평가한다. 참고로 나스닥에는 벤처 기업이나 첨단 기술 관련 중소기업들의 주식이 많이 등록되어 있다. 마지막으로 S&P500지수는 국제신용평가기관인 스탠더드앤푸어스(Standard & Poor's)에서 뉴욕증권거래소와 나스닥에 상장된 기업 중 미국을 대표하는 500개 기업을 추려 산정한다.

주식시장과 함께 부동산 시장에도 광풍이 불었습니다.
그중에서도 상하이는 전 세계에서 부동산 열기가
가장 뜨거운 곳 중 하나입니다.

2020년 말에서 2021년 초까지
3~4개월 동안 오른 집값만 해도
약 200~300만 위안.
보통의 경우 5년 동안의 상승액에 해당하는 정도로
한화로 약 3~5억 원에 육박하는 엄청난 금액입니다.

현재 상하이 곳곳에서는 새로운 부동산 개발이
활발히 추진 중입니다.
시내 한복판, 오래된 아파트 주민들은
크지 않은 보상금을 받고 보금자리를 떠났습니다.

이들 평균 분양가는 4000~5000만 위안,
한화로는 약 70~90억 원에 이릅니다.

이제 베이징, 상하이, 광저우, 선전의 북상광심北上广深에서
청년들이 부모의 도움 없이 집을 사기란 불가능에 가깝습니다.

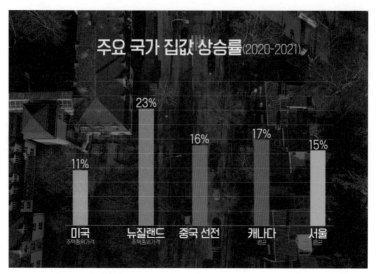

주요 국가 집값 상승률(2020-2021)

11%
미국
주택중위가격

23%
뉴질랜드
주택중위가격

16%
중국 선전

17%
캐나다
평균

15%
서울
평균

출처: WSJ

부동산 가격의 상승세는 다른 나라에서도 마찬가지입니다.

실제로 OECD 국가를 보면 대부분의 국가에서
부동산 가격이 상승했습니다.
예를 들어 룩셈부르크, 터키, 러시아에서
상승세가 매우 가팔랐습니다.
부동산 시장에서 매입자들이 이익을 보고 있습니다.
코로나19의 영향을 많이 받지 않는 경우
자신의 자산을 부동산에 투자하는 경우가 많습니다.

— 콘스탄틴 콜로디린 독일경제연구소 연구원

이렇게 전 세계 집값이 한꺼번에 오르는 것은
매우 이례적인 일입니다.

그럼 한국은 어떨까요?
지금이 아니면 영원히 내 집을 장만할 수 없을 것 같은 불안함.
이 기회가 영원히 사라질까 두려운 젊은이들은
가능한 모든 대출을 받아서 주택을 매수하는 '영끌'은 물론
전세를 끼고 무리해서 주택을 사는 '갭투자'
재건축, 재개발을 꿈꾸며 낡은 주택이나 아파트의 불편함을
감수하는 소위 '몸테크'도 마다하지 않습니다.

가격 상승과 물량 부족에 대한 불안함으로

가격에 상관없이 사들인다는 의미의 패닉 바잉panic buying은

기록적인 집값 상승세에 따라

전 세계에서 통용되는 단어가 됐습니다.

전 세계 치솟는 집값에 패닉 바잉하는 사람들.

— CNN

집값 상승률 20년 만에 최고.

— 월스트리트 저널

돈이 넘쳐나는 세상에서

달리는 자산 열차에 올라타기 위해 발버둥 치는 사람들.

이런 기회는 다시 오지 않을 거라고 생각하며

위험한 유혹에 빠져들기도 합니다.

집값이 오르면 올랐지 떨어지지 않잖아요.

이 기회가 언제 또 와요.

이번 아니면 평생 집 장만 못해요.

— 이영미 씨(가명)

팬데믹 머니의
탄생

#양적완화

#제로금리

#버블

#양극화

아이러니하게도

전 세계 자산 시장의 환호 속에서

2020년의 실물경제는

2차 세계대전 이후 최악이라는 평가를 받으며

역대 최저의 경기 지표를 가리킵니다.

전 세계 2억 5500만 일자리 손실.

— UN

세계경제 -4.3퍼센트 역성장.

— 세계은행

빈곤 인구 최대 5억 명 증가.

— 옥스팜

유례없는 호황을 누린 자산 시장,

바닥을 알 수 없이 추락한 실물경제.

한쪽에서는 그 어느 때보다 돈이 넘쳐나고

다른 한쪽에서는 당장 먹고살 돈조차 없습니다.

더 이상 갈 곳 없는 사람들은 거리로 몰려 나왔습니다.
지난 4월에는 수만 명의 베를린 시민들이 게릴라 시위에 나섰습니다.

시 정부가 시행한 월세 상한제가 위헌 판결을 받았기 때문입니다.
팬데믹 이후 치솟은 집값에 세입자들의 분노가 더해졌습니다.

지구 곳곳에서 일어난 크고 작은 소요는
생존의 위협에서 벗어나기 위한 절박함의 표현이었습니다.

그런데 정말 이상하지 않습니까?
분명 세계 각국 정부와 중앙은행들은 코로나로 인한
경제적 어려움을 극복하는 데 총력을 다했습니다.

각종 재정 정책을 통해 금융 지원에 적극 나섰고,
그만큼 시중에는 엄청난 양의 돈이 풀렸습니다.

강력한 계획의 일환으로 가정에 현금을 지원하고
중산층을 위한 역사상 최대 규모의
긴급 자금 대출 실시를 지지합니다.

— 미치 매코널 미국 공화당 상원 원내대표

팬데믹 긴급 매입 프로그램°은 연말까지 끝나지 않을 것이며
더 연장할 수도 있습니다.

— 크리스틴 라가르드 유럽중앙은행 총재

당분간 장기국채와 단기국채 모두
더 적극적으로 매입하기로 했습니다.

— 구로다 하루히코 일본은행 총재

• 유럽중앙은행(ECB)이 신종 코로나바이러스 감염증으로 인한 경제적 충격에 대응하기 위해 2020년
3월 내놓은 채권 매입 프로그램.

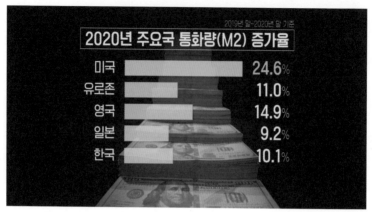

출처: 현대경제연구원, 한국은행

천문학적인 돈을 찍어낸 중앙은행.

미국·유로존·일본 3대 중앙은행의 자산은

세계 GDP의 20퍼센트까지 늘었습니다.

그 결과 세계의 통화량*이 급증했습니다.

인류 역사에서 단 1년 사이에

이렇게 돈이 빠르게 불어난 적은 없었습니다.

• 통화라고 하면 흔히 지폐나 동전 같은 현금을 떠올리지만 경제학에서 통화는 보다 넓은 범주를 포괄
  한다. 협의통화(M1)는 민간이 보유하고 있는 지폐나 동전 즉 현금통화에 은행에 있는 요구불예금 등
  언제라도 현금화할 수 있는 예금을 더한 것으로 정의된다. 광의통화(M2)는 M1에 만기 2년 미만 정기
  예금, 정기적금 등 약간의 이자만 포기하면 현금화할 수 있는 금융 상품을 포함한다.

팬데믹 머니

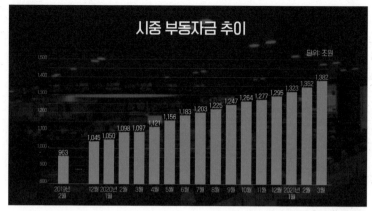

시중 부동자금 추이

단위: 조원

963 / 1,045 / 1,050 / 1,098 / 1,097 / 1,121 / 1,156 / 1,183 / 1,203 / 1,225 / 1,247 / 1,264 / 1,277 / 1,295 / 1,323 / 1,352 / 1,382

2019년 2월 / 12월 / 2020년 1월 / 2월 / 3월 / 4월 / 5월 / 6월 / 7월 / 8월 / 9월 / 10월 / 11월 / 12월 / 2021년 1월 / 2월 / 3월

출처: 한국은행, 금융투자협회

도대체 이 많은 돈들은 어디로 간 것일까요?

낮은 금리 아래 인위적으로 창조된 돈들은
정작 생산과 고용 회복에 쓰이기보다
금융시장으로 흘러들어 자산 가격 거품, 불평등 심화 등
여러 가지 문제를 야기하고 있습니다.

투자처를 찾아 쉽게 이동할 수 있는 시중 부동자금은
위 그래프가 보여주듯 통계 작성 이래
최대 폭으로 늘어났습니다.

(대공황 전) 1929년도 이렇지 않았어요.
이 정도 규모는 아니었어요.
(닷컴 버블) 2000년도 이 정도는 아니었어요.
실물경제와는 상관없이 부를 형성하는 데 필요한 건
돈뿐이라고 생각하는 사람이 늘고 있어요.
하지만 결국 이것이 허상임을 깨닫게 될 것입니다.

— 제러미 그랜섬 미국 투자자

돈을 거의 공짜로 빌리는 거잖아요.
적어도 몇 년 동안 그럴 거예요.
미국 연방준비제도Fed(이하 '연준')는 금리를 적어도
2023년까지
올리지 않겠다고 했어요.
돈을 저렴하게 빌릴 수 있으니
부동산 가격이 오르는 거예요.

— 제이슨 셍커 미래학자

금융자산 가격이 과열된 것은
연준의 비정상적인 완화적 통화정책 때문입니다.
그들은 역사상 가장 비정상적인 정책 실험을 하고 있어요.

— 스티븐 로치 예일대 교수

돈이 홍수처럼 넘쳐나지만
하루하루 벼랑 끝으로 내몰리는 사람들.

위기 속의 풍요, 풍요 속의 빈곤이 교차하는
이 거대한 역설의 시작점은 어디일까요.

2020년만 보면요.
역사상 유례없이 빠른 속도로 실물경제가 주저앉은 반면,
역사상 유례없이 자산 가격이 뜨거웠던 한 해였어요.
그럼 이 둘의 괴리는 무엇으로 메웠을까요.
전부라고 할 수는 없지만,
그 사이를 '돈의 힘'이 메웠다고 생각하면 됩니다.

— 오건영 신한은행 부부장

팬데믹 머니란 무엇인가

2011년 개봉한 영화 〈인 타임In Time〉에서 미래의 모든 재화는 시간으로 계산됩니다. 손목에 이식된 시계에는 나의 남은 수명이 새겨져 있고, 생활에 필요한 물건을 사려면 그 시간을 대가로 지불해야 하죠. 커피는 4분, 버스 요금은 2시간, 스포츠카는 59년……. 오싹한 SF적 상상력 같지만 사실 우리가 노동을 통해 돈을 벌어 삶을 영위하는 방식은 이와 크게 다르지 않은 것 같습니다. 우리는 인생의 시간이라는 소중한 자원을 팔아, 그 인생을 더욱 풍요롭고 행복하게 해줄 무엇인가를 사려고 하니까요. 사실 인류에게 이것만큼이나 중대한 거래는 많지 않을 것 같습니다.

그리고 이 거래를 매개하는 것이 바로 돈입니다. 돈은 영화 〈인 타임〉에서 손목에 새겨진 수명 시계와 비슷한 기능을 한다고도 볼 수 있습니다. 교환을 원활히 해주고, 가치를 측정하고 저장하는 수단이 되지요. 수명 시계는 개인이 마음대로 조작할 수 없고 일정한 규칙에 따라 작동한다는 원칙이 있기 때문에 거래의 신뢰와 안정성을 제공합니다. 만약 누군가의 시계만 거꾸로 흐른다거나 숫자가 아침저녁으로 바뀐다면 아무도 이 거래를 하겠다고 나서지 않을 테니까요. 인류에게 가장 중대한 거래는 이처럼 단단한 신뢰의 시스템, 화폐의 체계 위에 존재해야 하는 것입니다.

2020년 코로나19가 불러온 팬데믹은 모든 세계의 축을 뒤흔든 이례적인 사건이었습니다. 인류의 생존을 위협하는 것은 단지 바이러스만이 아니었습니다. 모든 생산과 소비 활동이 중단되면서 전시와 맞먹는 경제 위기가 쓰나미처럼 덮쳐왔습니다. 이때 미국을 비롯한 유럽과 일본의 중앙은행은 전대미문의 통화정책으로 이 파고를 넘기로 결정합니다. 금융의 역사가 시작된 이래 가장 단기간 내에 가장 많은 돈을 찍어내기로 한 것입니다. 팬데믹이 전 세계를 동시에 강타했다는 점에서 이 무제한 양적 완화 조치는 어느 때보다도 신속하고 전면적으로 이뤄졌습니다.

그 결과는 어떻게 되었을까요? 다행히 세계는 최악의 위기를 모면했습니다. 생계의 벼랑 끝에 선 많은 이들이 재정적 도움을 받았습니다. 당장 제품을 팔 수 없었던 기업들도 부도를 면했습니다. 하지만 이 극약 처방에는 당연히 대가가 있었습니다. 지금 자신들의 손목시계를 내려다본 사람들이 느끼는 당혹감, 불안, 초조함의 정체가 바로 그것입니다. 무너진 현실과 달리 솟구치는 주식과 부동산 가격이 말하고 있는 것, 교란된 돈의 세계가 바로 그것입니다. 세상을 구하기 위해 쏟아져 나온 돈, 그러나 인류가 가장 중대하게 여기는 거래의 신뢰를 뒤흔든 이 돈을 우리는 '팬데믹 머니'라고 부르기로 했습니다.

팬데믹 머니가 세상에 어떤 힘을 발휘하고 있는지는 점점 분명히 드러나고 있습니다. 매년 한 금융기관에서 발행하는 「한국 부자보고서」에 따르면 한국 부자들이 생각하는 최소 총자산은 2019년 50억 원에서 올해 100억 원으로 껑충 뛰었습니다. 이제 100억 원 정도는 있어야 부자 소리를 듣는다는 말이죠. 단 2년 사이에 부자의 기준이 두 배나 높아진 것은 주류 경제학이 이야기하는 성장의 과실 같은 것과는 전혀 무관한 일입니다. 백신 효과로 경제 재개를 시도하고는 있지만 세계는 아직도 최악의 전염병의 시대를 살고 있으니까요. 이렇게 팬데믹 머니는 현실 경제의 법칙을 벗어나 자신만의 규칙을 만들며 부의 미래를 바꾸고 있습니다.

팬데믹 머니는 1차적으로 중앙은행이 무無에서 창조해낸 돈입니다. 그리고 이 돈들은 시중은행을 거쳐 투자처의 투자금으로, 기업과 가계의 대출금으로 모습을 바꿔가며 점점 몸집을 불립니다. 2020년 이후 '유동성 장세'라는 말을 들어본 적이 있을 겁니다. 갑자기 불어난 유동성이 주식과 부동산의 가격을 밀어 올리고, 원자재 시장과 가상 자산 시장 등 가리지 않고 수익을 낼 수 있는 곳이면 어디든 흘러들어 가는 시장 상황을 말하는 것입니다. 취재 과정에서 만난 오랜 경력의 금융업계 종사자들조차 '본 적도 들은 적도 없는' 시장이라 말할 정도였습니다.

하지만 팬데믹 머니를 단지 '거대한 유동성'이라는 수량적 측면으로만 이해해서는 곤란합니다. 팬데믹 머니는 세계의 본질을 변화시키는 하나의 현상으로 바라봐야 합니다. 팬데믹 머니가 바꿀 사회의 구조, 부의 공식, 그리고 화폐의 미래는 세상을 끊임없이 요동치게 만들 것입니다. 그 속에서 승자는 더 큰 부를 거머쥘 것이고 패자는 더욱 멀리 밀려나게 될 것입니다. 균열은 더욱 선명해지고 그 빈틈을 메우려는 시도들이 등장하는 과정에서 크고 작은 충돌들이 계속 생겨날 것입니다. 지금 팬데믹 머니에 대한 이해가 반드시 필요한 이유입니다.

우리는 팬데믹 머니의 실체에 다가가기 위해 다음의 세 가지 키워드에 주목했습니다.

첫째, 금리입니다. 금리는 돈의 값입니다. 중앙은행이 돈을 찍어낼 때는 사실상 비용이 '0'에 가깝습니다. 아무리 좋은 종이와 잉크를 쓴다고 해도 말이죠. 특히 요즘에는 전산상에 숫자를 입력하고 클릭을 하는 것만으로 무한대의 돈을 만들 수 있으니, 말 그대로 중앙은행에서 만들어지는 돈은 '공짜' 돈입니다. 하지만 중앙은행이 이 돈을 유통할 때는 이자라는 값을 매겨 시중은행에 빌려줍니다. 시중은행은 거기에 또 이자를 얹어 가계와 기업에 대출하죠. 금리를 조절함으로써 중앙은행은 시중에 유통되는 돈의 양과 속도를 조절할 수 있습니다.

그런데 팬데믹 이후 시행된 제로 금리와 양적 완화 정책으로 우리는 과거에 경험해보지 못했던 '공짜 돈'이 범람하는 시대를 살게 되었습니다. 그리고 이것은 돈의 유통 법칙을 완전히 바꿔 놓았습니다. 과연 이는 무엇을 의미하는 걸까요? 또 개인과 기업 같은 경제주체들에게는 어떤 영향을 미치게 될까요? 앞으로 하나씩 살펴보겠습니다.

둘째, 달러입니다. 팬데믹 머니는 결국 미국의 중앙은행인 연준에서 발행하는 달러에 관한 이야기입니다. 달러가 미국의 돈이자 세계의 돈이기 때문이죠. 한 나라의 통화가 기축통화의 기능을 한다는 것은 꽤 복잡한 문제들을 만들어냅니다. 경제학 용어 중 '트리핀의 딜레마Triffin's Dilemma'라는 말이 있습니다. 기축통화인 달러가 필요량보다 부족하면 세계경제의 위축을 가져오고, 반대로 달러가 넘쳐나면 그 가치가 떨어져 기축통화로서의 지위가 위협받는 모순을 뜻하죠. 그러니 미국은 외줄을 타는 서커스 곡예사처럼 달러가 부족하지도 넘치지도 않도록 절묘한 균형을 만들어가야 합니다.

이런 태생적 이유 때문에 달러에는 확장기와 긴축기가 번갈아 찾아오는 사이클이 존재하게 됩니다. 아마도 이 사이클은 팬데믹 머니에서도 반복될 것입니다. 지금 우리는 팬데믹 머니 사이클의 어느 지점에 와 있을까요? 달러의 흐름이 바뀌면 세계경제에는 무슨 일이 일어날까요? 이에 대한 답도 함께 찾아보겠습니다.

셋째, 인플레이션inflation입니다. 2008년 글로벌 금융 위기 직전과 지금을 비교하면 세계의 돈은 무려 두 배나 늘어났습니다. 그러나 그동안 세계의 경제성장은 둔화됐고 수시로 디플레이션deflation의 위협이 찾아오곤 했지요. 특히 마이너스 물가 상승률로 고통받는 일본에게는 인플레이션은 아무리 기다려도 오지 않는 손님 같아 보입니다. '모든 인플레이션은 화폐적 현상'이라는 경제학자 밀턴 프리드먼의 말이 무색하도록 돈을 아무리 찍어도 세계는 저물가·저성장의 경로를 벗어나기 힘들어 보였습니다.

그러나 최근 들어 30년 동안 실종되었던 인플레이션이 돌아올지 모른다는 걱정이 하루가 멀다 하고 들려옵니다. 2021년 10월 미국의 소비자물가지수CPI는 작년 같은 기간보다 6.2퍼센트나 급등했고, 이는 미국 내 인플레이션이 극심했던 1981년 이후 처음 보는 수치입니다. 유가와 원자재 가격이 연일 뛰고, 옥수수나 밀 같은 곡물 가격도 폭등해 이제 전 세계는 식량난을 걱정하고 있습니다.

왜 팬데믹 머니는 과거의 돈 풀기와는 다른 현상을 만들고 있는 걸까요? 그리고 이것은 어떤 새로운 위험을 낳고 있는 걸까요? 혼란은 언제까지 지속될까요? 전례 없는 화폐 정책으로 세계는 정말 한 번도 경험해보지 못한 뉴-뉴노멀New-New-Normal 시대를 을 맞게 될까요? 미래의 위험과 기회는 어떤 모습으로 다가올지, 다양한 시각에서 살펴보겠습니다.

돈의 세계는 지금도 불안한 경주를 계속하고 있습니다. 한쪽에서는 최고점을 향해 달려가는 자산 시장에 환호하며 지금이 부의 사다리에 올라탈 마지막 기회라고 외칩니다. 한쪽에서는 엄청나게 불어난 부채와 끝 모를 투기심으로 제2의 대공황에 맞먹는 위기가 찾아올 것이라 경고합니다. 이러니 게임에 참여하고 있는 사람도, 그렇지 않은 사람도 모두가 안심할 수 없습니다.

불평등이라는 시대의 뿌리박힌 모순도 수면 위로 떠올랐습니다. 바이러스가 비춘 서치라이트로 그동안 가려졌던 돈의 민낯이 드러나자, 마치 세계의 비밀이 폭로된 듯 사람들에게 허탈감과 배신감이 찾아왔습니다. 자신만 뒤처지거나 소외되어 있는 것 같은 두려움, 포모Fear of Missing Out, FOMO는 그렇게 시대정신이 되었습니다. 그러나 문제가 깊어진 만큼 한편에선 우리가 해결해야 할 문제가 무엇인지 분명히 목격하기도 했습니다.

이럴 때 중심을 잃지 않고 앞으로 나아가고자 한다면 세상을 조금 더 선명하게 보는 힘을 길러야 합니다. 파도를 알기 위해 바람을 읽어야 하는 것처럼, 거시경제의 방향을 읽을 수 있는 안목을 길러야 합니다. 앞으로 인플레이션, 부채의 위기, 미중 갈등, 암호 화폐, 혁신, 에너지 전환 등 수많은 요인들이 교차하며 등장할 것이고 그때마다 새로운 전망들이 혼란스럽게 제시될 것입니다. 세계를 해석할 수 있는 자신의 판단과 가치관을 세워 미래를 대비하는 데 이 책이 도움이 되기를 희망합니다.

책에는 KBS 다큐멘터리 〈팬데믹 머니〉 제작에 참여해주신 국내외의 대표적인 금융계, 학계, 언론계 전문가들의 생생한 목소리가 담겨 있습니다. 오건영 신한은행 부부장님, 김학균 신영증권 리서치센터장님, 이하경 브이아이자산운용 본부장님은 연준의 통화정책과 달리 자본주의의 핵심을 속 시원히 짚어주셨습니다. 박종훈 KBS 기자님과 윤석천 평론가님은 저널리스트로서 부채와 불평등 문제에 대해 날카로운 분석을 해주셨습니다. 한국은행 출신으로 우리 금융시장의 안정을 고민해오신 장민 한국금융연구원 선임연구위원님, 미국 연준 이사회의 전 선임 이코노미스트이자 한국의 통화정책 전문가인 김진일 고려대 교수님 역시 전심을 다해 인터뷰에 참여해주셨습니다. 미중 갈등을 화폐 전쟁의 관점에서 흥미롭게 해설해주신 안유화 교수님과 비트코인 열풍의 이면을 분석해주신 홍기훈 교수님 덕분에 이야기가 풍성해졌습니다. 월가 출신의 저널리스트인 노미 프린스, 일본의 대표 경제학자인 리처드 쿠와 특별 인터뷰를 허락한 제러미 리프킨, 제이슨 셍커에게도 이 기회를 빌려 감사를 전합니다. 마지막으로 다큐멘터리를 멋지게 책으로 엮어주신 ㈜웅진씽크빅의 편집진께 제작진 모두를 대표해 감사의 마음을 전합니다.

KBS 다큐 인사이트 〈팬데믹 머니〉 PD
이윤정

PART 1

인류 최대의
화폐 실험

양적 완화란
무엇인가

#중앙은행

#통화정책

#유동성공급

#무제한돈풀기

저는 오늘 공식적으로 국가 비상사태를 선언합니다.

500억 달러를 긴급 투입해 대응 조치를 취할 것입니다.

— 2020년 3월 13일 도널드 트럼프 전 미국 대통령

미국의 코로나19 누적 사망자 수가 1200명이 넘자

트럼프 전 미국 대통령은 2조 2000억 달러 규모의

경기 부양책에 사인했습니다.

이는 한국 GDP의 두 배에 달하는 엄청난 규모입니다.

사상 최대 규모의 경제 지원책.

전례 없이 막대한 국가 재정이 필요한 순간,

미국의 중앙은행인 연준은

시장이 필요로 하는 만큼

무제한으로 돈을 공급하겠다고 약속합니다.

오늘 기준 금리 목표 범위를 1퍼센트포인트 인하해

제로 금리에 가깝게 했습니다.

그리고 이 수준을 유지할 것입니다.

— 2020년 3월 15일 제롬 파월 연준 의장

연방준비제도는 미국 재무부 채권과 주택저당증권MBS을

필요한 금액만큼 계속 매입할 것입니다.

— 2020년 3월 23일 연준 보도 자료

이름하여 무제한 양적 완화.

연준이 기존에는 하지 않았던 이례적인 행보입니다.

미국 연방준비제도이사회 본부

보통 중앙은행은 기준 금리*를 통해
시중에 유통되는 돈의 양을 조절함으로써
간접적으로 시장 금리에 영향을 줍니다.

예를 들어 중앙은행이 기준 금리를 내리면
시중은행에 더 많은 돈이 흘러가고
그만큼 장단기 예금 및 대출 금리가 저렴해집니다.

그 결과 가계와 기업에 돈이 돌기 시작하면
투자와 소비가 늘어나 실물경제가 활성화됩니다.

* 중앙은행이 시중의 일반은행과 돈을 거래할 때의 금리로, 중앙은행이 정책적 판단하에 결정한다.

그런데 경제 위기 상황에서는
중앙은행이 더 이상 기준 금리를 내릴 수 없거나
내리더라도 시장 금리가 낮아지지 않습니다.
위급한 상황을 대비해
모든 경제주체들이 현금을 구하려 하기 때문에
돈의 값인 금리가 천정부지로 치솟거든요.
이럴 때는 시중은행이 제 기능을 하지 않습니다.

결국 돈을 구하기 어려워진 가계와 기업은
파산과 부도 위기에 직면합니다.

이때 중앙은행이 직접 나서서
시중은행이 갖고 있는 장기 채권이나
주택저당증권을 사주고 대신 돈을 지급합니다.

이처럼 발권력을 가진 중앙은행이
시중 금융기관으로부터 여러 자산을 매입해
직접 돈을 푸는 것을 양적 완화라고 합니다.

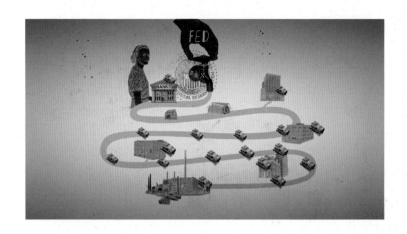

중앙은행이 인위적으로 시중에 돈을 주입하는 것이죠.

이처럼 중앙은행이 시장에 직접 개입하는 것은

과거에는 쓰지 않았던 비전통적인 통화정책입니다.

이제 불어난 돈으로 가계와 기업은

전보다 더 싸게, 더 많이 돈을 빌릴 수 있게 됩니다.

당장의 위기에서 벗어난 사람들은 모두가 행복해 보입니다.

당장 모든 생산 활동이 중단되고 수입이 없어진 절체절명의 상황.
양적 완화 정책은 돈줄이 막힌 기업이 무너지지 않게 함으로써
연쇄 부도와 대량 실업을 막는 데 기여합니다.

하지만 그 부작용도 만만치 않습니다.
이미 경험하고 있듯이 시장에 풀린 어마어마한 돈은
자산 시장의 과열을 일으켜 양극화를 심화시킵니다.

만약 경제가 완전히 회복되기 전에
화폐 가치 하락에 따른 인플레이션까지 일어난다면
서민들의 삶은 더욱더 팍팍해질 수도 있습니다.

자연스레 다음과 같은 질문이 떠오릅니다.
우리는 왜 이런 부작용에도 불구하고
금리를 조절하는 전통적인 통화정책 대신
양적 완화의 힘을 빌리기로 결정한 걸까요?

그 이유를 알기 위해
시간을 조금 더 과거로 돌려보겠습니다.

돈으로 떠받치는
돈의 세상

#2008년
#금융위기
#벤버냉키
#부의효과

2008년 9월,
미국 4대 투자은행 리먼브라더스가 파산하는
초유의 사태가 일어납니다.

2000년대 집값이 계속 오를 것이라는 기대감 속에
신용 등급이 낮은 사람들을 대상으로 남발된
주택 담보 대출과 이를 근거로 한 다양한 파생 상품들.
이후 부동산 가격 하락과 금리 인상에 따라
부실해진 재정 상태가 곤두박질치고 말았습니다.

리먼브라더스 같은 큰 은행이
망하는 것을 목격한 사람들은
엄청난 충격과 공포에 휩싸였습니다.

서로가 서로를 믿을 수 없는 상황,
금융기관 간 거래가 급속도로 냉각되고
시중에 돈이 마르는 신용 경색 현상이
미국을 넘어 세계로 번졌습니다.

이렇게 2008년 글로벌 금융 위기가 시작됐습니다.

이때 소방수로 떠오른 사람이
당시 연준 의장 벤 버냉키입니다.

프린스턴대학교 경제학 교수였던 그는
대공황에 관한 많은 연구를 했던 사람이었습니다.

버냉키는 글로벌 금융 위기의 해법을
역사상 가장 심각한 불황을 몰고 온
1929년 주가 대폭락 사태에서 찾았습니다.

1929년에 시작된 대공황은
무려 10년 동안 지속됐고,
세계경제를 깊이 침체시켰습니다.

버냉키는 대공황이 오래 지속된 것은
연준의 소극적인 대처 때문이며
많은 양의 돈을 풀었다면
시장 붕괴를 최소화할 수 있었을 것이라 진단했습니다.

그리고 자신의 신념을 행동으로 실천했습니다.
그래서 2008년 그가 꺼내 든 카드가 바로 양적 완화였습니다.

벤 버냉키 전 연준 의장

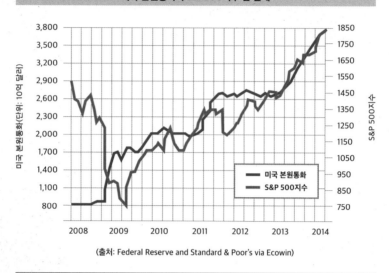

미국 본원통화와 S&P500지수 간 관계

(출처: Federal Reserve and Standard & Poor's via Ecowin)

양적 완화는 2008년을 시작으로

총 세 차례, 무려 6년 동안 이어졌습니다.

이 기간 동안 푼 돈은 4조 5000억 달러.

그럼 버냉키의 마법은 통했을까요?

위 그래프가 보여주듯

연준이 양적 완화를 발표하고 실제 통화량을 늘릴 때마다

주가는 빠르게 반등했습니다.

대공황 같은 위기를 맞지 않으려면

결국 더 많은 빚, 더 많은 부채를 만들어서

빠르게 돌파하는 방법밖에 없다고 생각했거든요?

그런데 그 효과가 너무너무 좋았어요.

왜냐하면 장기금리까지 낮춰버리니까

사람들이 '차라리 주식 아니면 부동산을 사자' 이러면서

자산 가격이 올라버렸거든요.

— 박종훈 KBS 경제전문기자

자산 가치가 오르자 부자가 된 기분에 더 많은 소비를 하는
부의 효과wealth effect(자산 효과)는 경기 회복에 도움을 주었습니다.

하지만 금융 위기의 충격이 어느 정도 완화되면서
풀린 돈을 회수할 필요성이 제기되었습니다.
실제로 연준은 통화정책 정상화를 위해
2015년부터 이자율을 아주 천천히 올리기 시작합니다.
이때도 고용 등 시장에 미칠 여러 충격을 고려해
이자율은 1퍼센트대에 머물러 있었습니다.

그런데 코로나19로 세계경제는
다시 벼랑 끝에 내몰리고 맙니다.
2008년 금융 위기로 경제주체들이
많은 부채를 안고
원금 상환은커녕 근근이 이자만 내고 있는 상황에서
갑자기 소득이 끊긴다면 결국 파산밖에는 길이 없었습니다.

부채의 위기로 경제가 돌이킬 수 없는 상황에 빠지기 전에
미국 연준은 신속하게 3조 달러를 더 풀었습니다.
회수되지 않은 유동성 위에
또 한 번 돈의 홍수가 쏟아진 것입니다.

부채가 너무 많이 퍼졌습니다.

그러다 보니 일단 유동성을 많이 공급해

부채의 위기로 인해 죽어갈 위험을 최소화한 다음에

하나하나 천천히 구조 조정을 하려는 건데요.

결국 문제를 해결하는 게 아니라 봉합하고 있는 겁니다.

— 오건영 신한은행 부부장

모래성 위의
모래성

#국채매입

#회사채매입

#헬리콥터머니

#부채위기

2008년 금융 위기 때의 경험이 있었기 때문일까요.
2020년 코로나19 사태에 각국의 대처는 발 빨랐습니다.

지금 결정해야 합니다. 우리에겐 지금 당장 돈이 필요합니다.
우리는 우리 경제를 지원할 모든 것을 준비했습니다.
시작은 빠를수록 좋습니다.

— 브루노 르 마이어 프랑스 재무장관

올해와 내년에 걸쳐 정부는 경제 회복을 위해
총 4070억 파운드의 재정 지원안을 마련했습니다.

— 리시 수낙 영국 재무장관

2020년 7월, 전 세계 통화량$_{M2}$은 86조 달러.
우리 돈으로 따지면 무려 10경이 넘는
어마어마한 돈입니다.

이는 글로벌 금융 위기 직전인 2008년 6월 말과 비교해
두 배나 늘어난 수치입니다.

미국 연준의 자산 규모

단위: 달러

8조

6조

4조

2조

2006년   2008년   2010년   2012년   2014년   2016년   2018년   2020년

출처: Federal Reserve

미국의 중앙은행, 연준 또한 모든 정책 수단을 동원했습니다.
우선 기준 금리를 제로(0~0.25퍼센트) 수준으로 낮추었고
무제한 양적 완화를 결정하면서 사상 처음
기업의 회사채까지 직접 사들이는 파격 조치를 단행합니다.
2008년 금융 위기 때도 쓰지 않았던 새로운 카드를 꺼내든 것입니다.
위 그래프가 보여주듯 대규모 채권 매입으로 연준의 자산은
코로나 이전 대비 2020년 한 해 동안 두 배가량 증가했습니다.

또한 민간에 긴급 대출을 대행해주는 기구들을 신설하고
재난 지원금처럼 가계와 기업에 직접 현금을 지급하는
재정 정책을 실시합니다.

양적 완화는 2008년이나 2020년이나 똑같은데

문제는 규모와 속도입니다.

2008년 글로벌 금융 위기 때는

6년에 걸쳐 약 4조 달러를 뿌렸는데,

이번에는 단 석 달 동안 3조 달러를 뿌렸습니다.

진짜 짧은 시간 안에 엄청난 돈을 뿌린 거죠.

— 박종훈 KBS 경제전문기자

코로나19 사태는 2차 세계대전 이후 가장 큰 위기,

일종의 전쟁이었습니다.

이번에 연준에서 펼친 양적 완화 정책은

그 바이러스에 대한 굉장히 대규모의 응전應戰이었던 셈이죠.

— 김진일 고려대 경제학과 교수

그 결과 전 세계 달러 5달러 중의 1달러가

코로나19 이후에 풀렸다고 말할 정도로

돈이 시장에 넘쳐나게 됩니다.

이것은 어떤 문제를 야기하게 될까요?

백신이 보급되고 사람들이 돈 쓸 수 있는 환경이 만들어지면
갑작스럽게 물가가 상승하는 인플레이션이 일어나진 않을까요?

물가를 잡으려고 금리를 올리려다
자산 가격이 급락하고 고용이 악화될 가능성은요?

부채를 부채로 떠받치고,
버블이 더 큰 버블을 키우는 위험한 세계.

양적 완화 이후 돈의 세계는 위태롭게 지탱되고 있습니다.

INTERVIEW

코로나19 팬데믹으로 세계경제는 순식간에 멈춰 섰습니다. 실업과 빈곤 인구가 급증하고 공장 가동률과 무역량이 곤두박질 쳤죠. 수요와 공급이 동시에 무너지면서 금융시장도 크게 흔들렸습니다. 하루아침에 주가가 폭락하고 달러 환율이 급등했습니다. 이러다가 경제가 완전히 붕괴되는 것은 아닐까? 사람들은 그야말로 공포에 휩싸였습니다. 이때 미국의 중앙은행 연준이 구원투수로 나섭니다. 당장 백신을 개발하거나 바이러스를 치료할 수는 없지만 돈의 힘을 빌려 대공황과 같은 재난이 일어나지 않도록 적극적으로 대처한 것입니다. 구체적으로 어떤 조치를 취했을까요? 그 조치는 성공적이었을까요? 그로 인해 앞으로 우리가 짊어져야 하는 대가는 없을까요?

코로나19 경제 위기에
세계는 어떻게 대응했는가

오건영 신한은행 IPS그룹 부부장

글로벌 금융시장의 전망을 비롯한 양질의 경제 지식을 네이버 카페와 페이스북 등 SNS를 통해 활발히 전하는 경제 전문가다. 신한 AI Advisory 본부, 신한금융지주 디지털전략팀과 신한은행 WM사업부 등을 두루 거치며 글로벌 매크로 마켓에 대한 전문적인 분석과 함께 신한금융그룹 내 매크로 투자 전략 수립, 대외 기관 및 고객 컨설팅 등 다양한 업무를 수행했다. 거시경제 전문가로서 다양한 투자 솔루션을 제공하며, KBS라디오와 MBC를 비롯한 방송 외에도 〈신사임당〉〈삼프로TV 경제의 신과함께〉〈김미경TV〉 등 다수의 유튜브 채널에도 출연해왔다. 서강대학교 사회과학부와 에모리대학교 고이주에타 경영대학원을 졸업했으며 미국 공인회계사 등 다수의 금융 관련 자격을 보유하고 있다. 저서로는 『부의 시나리오』『부의 대이동』『앞으로 3년 경제전쟁의 미래』가 있다.

코로나19 바이러스가 퍼지기 시작한 2020년 2~3월에 전 세계 경제는 큰 위기에 빠졌습니다. 팬데믹이라는 끝이 보이지 않는 위기 앞에 시장의 공포는 배가 됐죠. S&P500 기준 미국 증시 시가총액의 3분의 1이 증발하기도 했어요. 그러다 2020년 3월 23일을 기점으로 전 세계 증시가 극적으로 반등합니다. 연준이 예정에 없던 긴급 성명을 통해 "미국 경제를 뒷받침하기 위해서 모든 수단을 사용하겠다"고 선언한 날이었죠. 구체적으로 연준이 한 일이 뭔가요?

당시 연준이 시행한 정책은 세 가지입니다. 첫째, 무제한 양적 완화를 실시합니다. 원래 양적 완화는 2008년 글로벌 금융 위기 때 처음 사용된 경기 부양책으로, 금리 인하만으로는 유의미한 효과를 거둘 수 없을 때 중앙은행이 여러 자산을 사들여 자금을 공급하는 것을 의미하는데요. 정해진 액수만큼, 예컨대 7000억 또는 8000억 원어치의 돈을 풀었던 기존의 양적 완화와 달리 이번에는 무제한이라는 표현을 썼어요. 한마디로 시장이 필요로 하는 만큼 돈을 풀겠다는 이야기죠. 이걸 금리를 조정하는 중앙은행의 전통적 통화정책traditional monetary policy과 대비해 비전통적 통화정책non-traditional monetary policy이라고 표현하기도 합니다. 이를 위해 연준은 국채를 매입하기로 해요. 둘째, 회사채를 매입합니다. 시장에 문제가 생겼을 때는 건전하고 튼튼한 기업들보다는 부채가 많고 재무구조가 약한 기업들이 먼저 흔들리게 됩니다. 문제는 이 경우 누구도 자금을 회사채 시장으로 넣지 않는다는 것입니다. 결국 자금이 조달되지 않은 기업들은 무너져내리고 회사채 시장 자체도 흔들리게 됩니다. 그런데 이런 시장의 가장 취약한 부분을 중앙은행이 컨트롤해줄 수 있다는 신호를 준 것이죠.

셋째, 통화 스와프currency swap를 체결합니다. 통화 스와프란 쉽게 말해 상대 국가끼리 서로의 통화를 교환하는 것인데요. 달러는 전 세계 금융 거래에 상당히 큰 비중을 차지하는 안전 자산에 해당하는 만큼, 코로나19 같은 경제 위기가 오면 달러에 대한 수요가 급증합니다. 그로 인해 신흥국의 경우 달러 부족으로 아주 힘겨운 시간을 보내게 되죠. 이때 연준은 해당 국가의 통화와 달러를 교환해줌으로써 유동성 조달에 어려움을 겪고 있는 국가들이 부도가 나는 것을 막고 글로벌 금융시장의 불안을 진정시킬 수 있습니다.

앞서 중앙은행이 시장에 돈을 공급하기 위해 국채를 매입한다고 하셨는데요. 구체적으로 돈이 어떻게 공급되는 건지 좀 더 자세한 설명을 부탁드립니다.

중앙은행은 기준 금리를 조절하는 역할을 합니다. 나라마다 조금씩 다르지만 보통 기준 금리는 하루 또는 일주일짜리 초단기금리를 말합니다. 이때 중앙은행은 일반 개인이나 기업이 아니라 시중은행과 거래하므로, 기준 금리는 중앙은행과 시중은행 간에 적용되는 금리를 이야기합니다. 이 기준 금리 수준이 정해지면 중앙은행은 국채를 사고팔아서 통화량을 조절합니다.

평소에는 이 기준 금리에 맞춰 1개월, 1년, 10년의 시장 금리가 함께 움직입니다. 하지만 경제 위기가 닥치면 중앙은행이 기준 금리를 아무리 인하해도 시장 금리가 낮춰지지 않을 때가 있습니다. 이는 중앙은행이 자금을 많이 공급해도 시중은행이 대중에 자금을 공급하지 않아서 발생합니다. 위기가 닥치면 경제주체들이 너도나도 현금을 확보하려고 하기 때문에 화폐 수요는 증가하는데 시절을 수상히 여기는 시중은행은 대출을 꺼리니까 시장 금리가 내려올 생각을 하지 않습니다.

그래서 중앙은행이 직접 나서 장기국채를 매입합니다. 본래 중앙은행이 기본적으로 매입하는 국채는 단기국채입니다. 하지만 연준은 양적 완화를 위해 위험을 감수하고 장기국채를 매입합니다. 예를 들어 연준이 10년 만기 장기국채를 사들이는 것은 10년어치 자금을 풀어주는 것과 같아서 결국 10년 장기금리가 내려오게 됩니다. 장기국채로 장기금리를 잡는 것이지요.

이 장기금리가 시장 금리 그리고 우리의 실물 경기에 직접적인 영향을 줍니다. 예를 들어 미국에서는 10년짜리 국채 금리가 모기지mortage(주택 담보 대출) 금리와 연동돼 있는데요. 양적 완화를 통해 10년 금리를 내려주면 모기지 금리가 내려가게 됩니다. 그러면 집 사느라 돈을 빌린 가계는 이자 부담이 줄어들겠죠. 그 결과 생활비로 쓸 수 있는 돈이 증가해 소비가 늘어나면 실물경제의 회복으로 이어집니다.

중앙은행에서 돈을 푸는 것만으로도 실물경제를 일으킬 수 있다니 너무 좋게 들리는데요. 이렇게 계속 돈을 풀면 안 되는 건가요?

그렇게 단순하게만 볼 문제는 아닙니다. 기본적으로 중앙은행은 화폐를 공급하는 역할을 합니다. 그런데 화폐는 사실 숫자로 가치가 인쇄된 종이 또는 동전에 불과하거든요. 따라서 현대 화폐 시스템에서는 화폐의 가치에 대한 사람들이 믿음, 신뢰가 아주 중요합니다. 따라서 뭔가가 그 신뢰를 담보해줘야 하는데요. 그 주체가 바로 오늘날 정부이자 중앙은행입니다. 오늘날 중앙은행은 하루나 일주일짜리 초단기국채를 담보물로 삼고 돈을 찍어내는데요. 100년 뒤에 국가가 부도날 확률보다 하루 뒤에 국가가 부도날 확률이 현저히 낮기 때문입니다.

그럼에도 중앙은행이 장기국채까지 사들이면서 돈을 뿌린다는 얘기는 그만큼 큰 리스크를 감수하고서라도 수십 년어치 화폐를 발행한다는 뜻입니다. 그 결과 화폐 가치가 하락하게 되고 인플레이션, 즉 물가 상승이 발생할 수 있죠. 그럼 어떤 문제가 생길까요? 소득이 그대로인데 화폐 가치가 하락하면 가계의 구매력이 줄어들게 되어 소비가 위축될 것입니다. 원료 가격이 상승해 기업 이윤에 악영향을 끼칠 수도 있죠. 따라서 중앙은행은 양적 완화 정책을 쓰고 싶어서 쓴 게 아니라 이런 부작용에도 불구하고 심각한 위기 상황이다 보니 어쩔 수 없이 썼다고 봐야 합니다.

조금 다른 이야기지만 회사채 매입도 마찬가지예요. 연준이 회사채를 매입하는 일은 과거에 한 번도 없었어요. 하지만 이번에 연준은 회사채를 매입함으로써 기업에 직접 자금을 지원하는 이례적인 조치를 시행합니다. 이는 신용 등급이 우수했던 기업이 단기 자금 조달에 실패해 파산하지 않도록, 연준이 과거보다 훨씬 많은 현금을 적재적소에 투입하겠다는 의지를 보인 것이라고 해석할 수 있습니다.

예전 연준 의장인 벤 버냉키Ben Bernanke가 이런 말을 한 적이 있어요. "시장이 흔들릴 때는 시장의 기대를 뛰어넘는 부양책을 써야 한다." 이번 연준의 정책은 그만큼 중앙은행이 시장을 살리려고 굉장히 큰 노력을 하고 있다는 시그널을 준 겁니다. 작용과 반작용 법칙을 생각하면 그에 비례해 이번 위기가 정말 엄청났다는 의미기도 하죠.

실제로 이런 팬데믹을 예상한 사람은 아무도 없었을 테니까요.

맞습니다. 코로나19 사태는 굉장히 이례적인 보건의 위기였습니다. 하지만 한 가지 관점을 더 가져갈 필요가 있는데요. 바로 부채의 위기입니다. 2008년 글로벌 금융 위기를 극복하는 과정에서 전 세계가 굉장히 많은 부채를 진 상태였거든요.

그런데 부채가 많은 상태에서 코로나19로 인해 경제가 멈춰버립니다. 사람들은 일을 할 수가 없으니 소득도 얻을 수 없습니다. 그러면 빚이 있는 사람은 이자를 제때 내지 못하고 결국 파산할 겁니다. 빚이 없다면 별 문제 아니었을 수도 있는데 말이죠.

결국 코로나19 사태는 보건의 위기와 부채의 위기가 함께 붙어서 금융시장을 초토화시킨 사건이었습니다. 그중 보건의 위기는 결국 백신이 나올 때까지 기다려야 하는 문제지만, 부채의 위기는 중앙은행이 유동성을 공급해서 완화할 수 있는 문제였습니다. 기업들과 금융기관들이 줄도산하고 대규모 실업이 발생하는 등 경제가 돌이킬 수 없는 지경에 이르는 건 막아야 하니까요. 완전히 죽은 사람을 살리는 것은 불가능한 것처럼 완전히 죽어버린 경제를 되살리려면 엄청난 고통과 노력이 필요합니다. 거기까지 가지 않도록 제때 적절한 조치를 취하는 것이 중요하죠.

문제는 이렇게 풀린 돈이 자산 시장으로 굉장히 많이 쏠려갔어요. 그 이유는 뭐라고 생각하세요?

먼저 아무리 중앙은행에서 돈을 풀어도 시중은행은 돈을 주는 곳이 아니라 빌려주는 곳입니다. 따라서 돈을 빌려줄 때, 원금을 갚을 능력이 있는지, 이자를 낼 수 있는 능력이 있는지를 꼼꼼히 따집니다. 그러면 팬데믹 상황에서 은행은 일반 자영업자나 여행, 공연, 숙박, 영화 관련 기업들에게 돈을 빌려줄까요? 언제 코로나가 끝날지 모르는 상황에서 그쪽에 돈을 빌려주는 건 매우 불안해 보이죠. 그 결과 정작 코로나로 타격을 받은 경제주체들 대신 이 같은 어려운 상황 속에서도 성장세를 보이는 언택트untact 기업 쪽으로 돈이 흘러들어 갈 가능성이 높아집니다. 주식 투자자 입장에서도 이런 기업들에 투자하고 싶을 거고요.

둘째, 글로벌 금융 위기 때도 그렇고 이번에도 그렇고 금융시장이 무너질 것 같으니까 중앙은행이 앞장서서 돈을 뿌렸거든요. 그러니 학습 효과라고 하죠? 주가가 떨어지더라도 받쳐주는 누군가가 있음을 깨달은 사람들이 자산 시장 쪽으로 자금을 밀어 넣기 시작했어요. 그걸 미국에서는 '바이 더 딥Buy the Dip(저가 매수)'이라고 얘기하는데요. 여기에 결국엔 백신이 나오면 마스크를 벗고 정상적인 생활로 돌아갈 수 있을 거라는 낙관적인 기대가 합쳐지자 사람들이 앞으로 주가가 오를 걸 생각하고 주식을 많이 샀어요.

게다가 글로벌 금융 위기 이후 금리가 거의 제로 금리에 가까운 상태에서 대규모 유동성이 흘러 나왔죠. 이 유동성을 가지고 어딘가에 투자를 해야 수익이 날 거예요. 그런데 워낙 실물경제 상황이 안 좋다 보니 자산 시장 쪽으로 자금 유입이 굉장히 빨랐던 측면도 있습니다.

올해 초 바이든 정부가 역대급 부양책을 내놓았어요. 지금까지 중앙은행에서 해온 통화정책과는 어떤 차이가 있을까요?

현재 바이든 행정부는 경기 부양책을 추진하기 위해 자금 지출을 늘리는 상황입니다. 빈곤 방지를 위한 재난 지원금에 1조 9000억 달러를 쓰는 법안이 이미 통과되었고, 앞으로 인프라 확대나 사회 안전망 강화 등에 약 4조 달러의 자금을 투입하는 초대형 경기 부양책도 예정돼 있습니다. 이는 과거에는 볼 수 없는 수준의 숫자입니다. 지금까지 미국이 해오던 통화정책이 한계에 부딪혔다는 것을 의미하는 것이죠.

양적 완화 결과 돈이 전부 실물경제가 아닌 자산 시장으로 흘러들어가며 자산 가격이 팽창했고, 빈부 격차가 벌어지고 맙니다. 은행은 돈을 빌려주는 역할을 할 뿐, 돈의 흐름까지 통제하지는 못하니까요. 그렇다면 돈이 실물경제로 들어갈 수 있도록 해야겠죠. 이는 재정 정책을 통해 가능합니다. 코로나19로 직격탄을 맞은 실물경제 주체들에게 직접 자금을 지급하는 것입니다. 훨씬 효율적으로 실물경제를 끌어올리는 정책들이 나올 수 있습니다.

그렇다고 연준의 역할이 사라진 것은 아닙니다. 연준과 정부는 정책 공조를 합니다. 정부가 자금을 마련하는 데는 증세와 국채 발행 두 가지 방법이 있습니다. 현재 상황에서는 경제가 어려워 세금을 올릴 수 없으므로 국채 발행밖에 방법이 없겠죠. 하지만 국채 발행에도 문제가 있습니다. 금리란 실물경제의 성장으로 투자가 활발해지거나 국채 발행으로 시중의 자금이 부족할 경우 상승하거든요. 단순하게 생각하면 정부에서 실물경제 주체들에게 돈을 주기 위해 자금을 모으는 과정에서 시중의 돈을 흡수해 가니 금리가 뛰는 것입니다.

이 경우 실물경제 주체들 입장에서는 돈을 받고도 이자가 올라서 힘들어지겠죠. 때문에 연준은 금리 인상을 제어하기 위해 자금의 공급을 늘려 대응합니다. 그 결과 한쪽에서는 정부가 국채를 발행하고,

다른 한쪽에서는 연준이 국채를 사들이게 되죠. 이에 따라 자금 시장에 유동성이 계속 돌면서 금리가 낮게 유지됩니다. 결국 돈을 푸는 주체가 연준에서 정부로 바뀌었을 뿐, 연준이 유동성을 공급해줘야 하는 것은 같습니다.

2008년 글로벌 금융 위기부터 양적 완화 정책이 이어져왔다고 하셨는데, 그 이야기를 들려주세요.

글로벌 금융 위기 이후 침체된 경제를 회복하고자 전 세계는 그동안 상당히 많은 부채를 만들어냈습니다. 저성장이 계속되었기 때문에 순수한 개인의 소득이나 기업의 이익으로는 소비를 할 수 없는 상황이라, 현재의 성장을 위해 미래의 소득을 끌어다가 사용하는 방법을 택한 거죠.

　문제는 누구도 실물경제를 되돌릴 수 있는 정도의 금액이 얼마라고 딱 잘라 이야기할 수 없다는 거예요. 그래서 단계적으로 양적 완화 정책을 펼칠 수밖에 없었는데요. 첫 번째 양적 완화는 2009년 초에 시작해서 2010년 중순에 멈췄습니다. 이게 1차 양적 완화였죠. 그런데 1차 양적 완화가 멈추고 몇 개월 안 가서 실물경제가 주저앉기 시작합니다. 약효가 떨어진 거죠. 그래서 2010년 11월부터 2011년 6월까지 2차 양적 완화가 이뤄집니다. 하지만 이번에도 양적 완화가 끝나니까 실물경제가 바로 주저앉았습니다. 결국 2012년 9월부터 3차 양적 완화가 다시 시작되었고, 이후에야 실물 경기가 돌아서게 됩니다.

그 결과 부채가 너무 많이 퍼졌습니다. 부채가 너무 많이 퍼진 상태에서는 이 부채를 어떻게 해결해야 할지 잘 몰라요. 이미 경제가 유동성에 취해 있기 때문에 갑자기 긴축을 하면, 즉 돈을 회수하기 시작하면 경제주체들이 충격을 받을 수 있거든요. 이럴 때는 유동성을 많이 공급해 부채의 위기로 인해 파산할 위험을 최소화시킨 다음에 하나하나 천천히 구조 조정을 해나가야 합니다.

문제는 지금까지 뿌렸던 돈이 회수되지 않은 상태에서 코로나19 사태로 인해 더 많은 돈이 풀렸다는 점입니다. 시중에 퍼진 부채를 회수하기 위해 2017년부터 2019년까지 진행된 양적 긴축도 실패로 돌아갔고, 이후에는 더 많은 자금을 불과 몇 개월이라는 초단기간 동안 공급했으니까요. 그만큼 부채의 문제는 더 심각해져서 작은 충격에도 금융시장이 휘청일 수 있습니다.

돈을 풀어도 문제, 안 풀어도 문제라니, 세계경제가 딜레마에 처해 있군요. 이를 극복할 방법은 없을까요?

알리안츠의 수석 이코노미스트 모하메드 엘 에리언Mohamed El Erian이 이런 상황을 두고 "중앙은행은 뭘 해도 실패하는 상황lose-lose situation 에 놓여 있다"라고 말했는데요. 지금 실물경제와 자산 시장의 괴리가 너무 커진 상황에서 자산 가격 상승에 부담을 느낀 중앙은행이 더 이상 돈을 풀지 않게 되면 자산 가격이 급락하고 글로벌 경제가 큰 혼란에 빠질 수 있습니다. 그렇다고 계속 돈을 계속 풀면 어떻게 될까요? 결국에 자산 시장에 버블이 터지고 말 것입니다. 연준 입장에서는 돈을 더 풀 수도 없고 그렇다고 안 풀 수도 없는 애매한 상황인 거죠.

결국 해결책은 성장입니다. 부채를 한번에 줄이는 마법은 세상에 없거든요. 자산 가격을 떨어뜨려서 실물경제와의 괴리를 메우려고 하면 그 대가가 어마어마할 거고요. 가장 좋은 방법은 부채의 부담을 최소화해주면서, 그러니까 금리를 낮게 유지하면서 성장을 계속 자극해주는 겁니다. 그렇게 실물경제를 끌어올려 부채와의 간격을 줄여나가는 거죠.

지금 중앙은행이 펼치는 양적 완화는 결국 부채를 늘려 문제를 봉합하고 있는 겁니다. 부채 문제를 수면 아래로 눌러놓는 거죠. 이 상태에서 손 놓고 있으면 다시 수면 위로 떠올랐을 때 더 강하게 눌러야 해요. 게다가 그 끝은 어디에 있는지 아무도 모르고요. 다행히 2014~2016년을 보면 미국 경제가 다시 성장하거든요. 이번에는 어디서 그런 성장 동력이 나올지 모르지만 전혀 가능성 없는 이야기라고 보지는 않습니다.

— 정리하면 세 가지죠. 금융기관이 마비되는 걸 막기 위해 양적 완화를 해췄고요. 기업들이 부도나지 않게 회사채를 사들였고요. 이머징 국가들이 파산하는 걸 막기 위해 통화 스와프를 체결했습니다. 경제가 무너질 리스크를 최대한 줄이기 위해 달러 공급을 늘리는 것, 이것이 코로나19 위기 대응을 위해 연준이 도입한 정책의 핵심입니다.

팬데믹 버블은
언제까지 부풀까

박종훈 KBS 보도본부 통합뉴스룸 디지털뉴스부 기자

많은 현장 경험을 바탕으로 다양한 탐사 보도와 기획 보도를 이뤄낸 국내 최고의 경제 및 금융 분야 전문 기자다. 금융감독위원회 설립과 함께 긴박하게 진행됐던 외환 위기 극복 과정과 9.11 테러를 현장에서 직접 취재했고, 2008년 글로벌 금융 위기 등 굵직한 경제 이슈들을 담당해왔다. 2007년 제34회 한국방송대상 '올해의 보도기자상'을 비롯한 방송통신심의위원회, 한국기자협회 등에서 다수의 상을 받았다. KBS 〈특파원 보고, 세계는 지금〉〈박종훈의 경제쇼〉 등 다수의 방송과 KBS 공식 유튜브 채널 〈박종훈의 경제한방〉을 통해 재미있고 밀도 높은 경제 지식을 전해왔다. 서울대학교에서 국제경제학 학사, 경제학 석사 및 박사 학위를 받았으며 스탠퍼드대학교 후버연구소에서 객원연구원을 지냈다. 저서로『부의 시그널』『부의 골든타임』『2020 부의 지각변동』『빚 권하는 사회에서 부자되는 법』『박종훈의 대담한 경제』『지상 최대의 경제 사기극, 세대전쟁』『2015년, 빚더미가 몰려온다』등이 있다.

팬데믹 버블이란 뭔가요?

코로나19라는 아주 특수한 상황이 만들어낸 버블을 말합니다. 지금까지 인류가 경험했던 대부분의 버블은 호황형 버블이었죠. 대공황 직전, 자동차의 보급률이 급격히 늘어나면서 많은 사람들이 미래 경제에 대해 환상을 갖게 됐고 그 환상 속에서 버블이 탄생한 것처럼요. 2000년 닷컴 버블 또한 인터넷이 활발히 보급된 결과 미래에 대한 장밋빛 전망 속에서 탄생한 것입니다.

하지만 팬데믹 버블의 가장 큰 특징은 불황형 버블이라는 것입니다. 실물경제는 완전히 무너진 상태에서 금융시장만 끓어오르는 특이한 모습을 보이죠. 이는 우리 인류가 한 번도 경험해보지 못한 버블이에요. 앞으로 경각심을 갖고 경제 상황을 더 주의 깊게 살펴봐야 하는 이유입니다.

이런 극심한 경제 위기 속에서 버블이 생기는 이유는 무엇입니까?

미국 연준의 통화정책, 즉 '양적 완화'라는 21세기 새로운 발명품이 그 원인입니다. 경제 위기 때 연준이 해온 전통적인 방법은 기준 금리를 낮추는 것이었습니다. 기준 금리라는 초단기금리를 낮춤으로써 전체적인 장기금리까지 낮추는 효과를 기대하는 것이죠. 하지만 2008년 금융 위기 때는 이 방식이 통하지 않았습니다. 이에 연준은 양적 완화를 통해서 장기금리 또한 낮출 수 있는 새로운 방법을 개발했죠. 그런데 그 효과가 너무너무 좋았어요.

장단기 금리를 모두 낮추니까 더 이상 돈을 굴릴 데 없는 사람들이 주식과 부동산에 큰돈을 투자했거든요. 은행들도 갖고 있던 국채도 연준에 팔고 현금을 융통하게 되자 주식에 투자했죠. 그 결과 주식과 부동산 가격이 상승했습니다.

전 연준 의장 벤 버냉키는 이처럼 양적 완화가 주가나 부동산 같은 자산 가격을 상승시키면, 경제주체들이 부유해졌다고 생각해 소비와 투자를 늘려 실물경제를 활성화시킬 거라고 말했어요. 어떻게 보면 인위적으로 자산 가격을 끌어올려 실물경제가 살아날 때까지 시간을 버는 전략입니다.

문제는 이번에 훨씬 많은 돈이 엄청 빠른 속도로 풀렸다는 점입니다. 2008년 금융 위기 때는 3년에 걸쳐 3조 5000억 달러를 뿌렸는데 이번에는 단 석 달 동안 3조 달러를 뿌렸어요. 진짜 짧은 시간 안에 엄청난 돈이 풀린 겁니다. 그렇기 때문에 주식시장도 훨씬 더 뜨겁게 반응한 거고요. 2008년의 경험을 살려 선제적으로 과감하게 금융 위기에 대처했다는 점은 긍정적으로 평가할 수 있으나, 그 부작용도 커서 자산 가격 버블이 2008년보다 더 확대되었다는 게 미래의 위험 요소로 작용할 수 있겠네요.

위기가 지나고 나서 다시 돈을 회수하면 버블 위험도 사라지지 않을까요?
안타깝게도 연준은 결코 돌아갈 수 없어요. 저는 연준의 이 양적 완화 정책이 돌아갈 수 있는 다리를 끊어버린 정책이라고 생각합니다.

일단 양적 완화를 통해 자산 가격을 끌어올리기 시작해서 그 위기를 극복하는 전략을 썼다면 반드시 실물경제가 살아나는 그날까지 이 양적 완화를 유지하면서 자산 가격을 끝까지 지켜야 합니다. 왜냐하면 일단 양적 완화를 시작한 다음에 자산 시장의 버블을 우려해 돈을 거둬들여서 자산 가격이 추락하게 되면 대공황 같은 굉장히 큰 불황에 처할 수 있거든요. 이 때문에 부분적이고 일시적인 조정은 당연히 언제든 올 수 있지만 조정이 왔을 때 그 밑바닥에서 연준이 또다시 자산 가격을 떠받쳐야 됩니다.

이걸 실패하는 순간 정말 연준으로서도 감당할 수 없는 심각한 위기가 올 수 있거든요. 그래서 연준은 양적 완화를 줄여나가는 시점부터 완전히 양적 완화를 종료하는 시점까지 자산 시장의 눈치를 계속 살피며 속도 조절을 하려고 할 거예요. 그런데 여기서 사람들이 걱정하는 두 가지가 바로 인플레이션과 달러 가치의 하락입니다. 이 경우 연준이 양적 완화를 서둘러 끝내야 할 수 있거든요.

실제로 인플레이션에 대한 시장의 우려가 큰 것 같습니다. 유가와 원자재를 비롯해 '밥상 물가'도 놀랍게 뛰고 있어요. 인플레이션이 발생하면 어떤 위험이 발생하나요?

인플레이션에 대해서 사람들이 하는 큰 착각 중에 하나가요, 물가가 막 오르면 실물 자산, 즉 부동산이나 금, 원자재 같은 걸 사서 화폐 가치 하락에 따른 손실을 방어해야 한다고 생각해요.

그런데 실제 인플레이션이 와서 우리의 생활 물가가 올라가게 되면 경제적으로 여러 가지 문제점을 일으키기 때문에 연준은 금리를 올리든가 아니면 양적 완화 규모를 줄여서라도 인플레이션 충격을 완화하려고 하거든요. 그렇기 때문에 오히려 풀렸던 돈이 줄어들면서 자산 가격이 하락하는 현상이 일어납니다. 만일 연준이 아무 조치를 취하지 않더라도 시중금리가 올라버려요.

흔히 연 3퍼센트 이상 인플레이션이 오면 좀 위험하다고 생각합니다. 그 정도의 인플레이션이 오면 연준 또는 시장이 어떤 방식으로든 대응을 하면서 자산 가격에 큰 타격이 올 수밖에 없거든요.

하지만 2008년에는 양적 완화 정책에도 불구하고 인플레이션이 오지 않았어요.

2008년 글로벌 금융 위기 때 양적 완화로 돈을 아무리 풀어도 인플레이션이 나타나지 않고 오히려 디플레이션 경향이 훨씬 더 컸기 때문에 이번에도 별로 걱정할 필요 없다고 생각할 수 있는데요. 2020년부터 시작된 양적 완화와 재정 정책은 2008년과 다른 점이 있습니다. 바로 2008년에는 양적 완화 정책만 썼는데 2020년에는 재정 정책까지 사용했다는 겁니다. 즉 헬리콥터 머니*를 사용했어요. 대중

---

* 1969년 경제학자 밀턴 프리드먼이 창안한 용어로, 중앙은행이 헬리콥터에서 돈을 살포하듯 통화를 직접 시중에 공급하는 것을 의미한다.

에게 말 그대로 돈을 뿌렸어요. 예를 들어 미국의 경우 지난해 3월 1인당 1200달러를 지원하고 12월에 추가로 600달러를 줬는데, 올해 3월에 또 1400달러를 추가로 더 지급했어요.

문제는 미국 사람들이 이 돈을 아직까지 안 썼어요. 오히려 미국 사람들의 예금이 크게 늘어나면서 저축이 역대급으로 늘어났어요. 아직 코로나19 위기기 때문에 자유롭게 돌아다니면서 돈을 쓸 수 없는 데다 미래에 대한 불안함 때문에 저금리에도 불구하고 은행 예금으로 돈이 몰린 거죠. 원래 미국 사람들이 진짜 저축 잘 안 하기로 유명하거든요.

그런데 만약에 코로나19 위기가 좀 잦아들면 이 돈을 쓰기 시작할 거 아니에요? 그런데 돈을 쓰는 곳이 주로 어딜까요? 지금까지는 제조업 제품, IT 제품 같은 걸 사는 데 썼다면 앞으로는 여행이나 외식에 돈을 쓰기 시작할 거예요. 코로나19 위기를 겪으면서 수많은 음식점들과 여행사들이 문을 닫고 항공사들도 규모를 축소한 상태에서 수요가 몰리는 거죠. 이때 갑자기 이쪽에서 물가가 확 치솟을 수 있거든요? 그러다 보면 물가가 상승한 만큼 노동자들이 임금 인상을 요구할 수 있고, 생산 비용이 상승하면서 다시 제품 가격이 오르는 악순환이 발생할 수 있어요.

물론 세계경제가 여전히 저압경제low-pressure economy(공급이 수요를 초과하는 상태)라 인플레이션 압력은 낮은 상태지만요. 과거를 돌이켜보면 디플레이션 상태에서 쌓였던 돈이 갑자기 시장에 돌기 시작할

팬데믹 머니

때 순식간에 인플레이션으로 전환된 적이 굉장히 많았거든요. 따라서 지금 디플레이션 압력이 높다고 해서 인플레이션이 오지 않을 거라고 단정하기는 어렵습니다. 개인적으로는 2022년, 2023년에 인플레이션이 발생할 가능성을 염두에 둘 필요가 있다고 봅니다.

만약 인플레이션이 일어나 금리가 오르게 되면, 부채 문제가 훨씬 심각해지는 것 아닌가요?

사실 경제가 성장하면서 부채가 늘어나는 건 정말 자연스러운 현상입니다. 문제는 빚이 늘어나는 속도가 경제 성장률보다 훨씬 더 가팔라지는 건데요. OECD 회원국의 GDP 대비 부채 비율을 보면 코로나19 위기 이전에는 109퍼센트였다가 137퍼센트로 확 뛰었습니다. 이렇게 빠른 속도로 부채 비율이 늘어나는 일은 굉장히 보기 드문 현상입니다. 부채의 절대적 규모도 인류 역사상 가장 큰 규모로 늘어났습니다.

이런 상태에서 금리가 낮으면 그나마 괜찮아요. 아무리 부채가 많아도 내는 이자가 별로 많지 않으면 당장은 별 문제가 없거든요. 하지만 지금처럼 부채 규모가 커진 상태에서는 금리가 아주 조금만 올라도 매우 위험할 수 있습니다. 연준은 어떻게 해서든 금리가 올라가지 않도록 통제하려 할 테죠.

그런데 지금 미국 정부에서 계속 슈퍼 부양책을 내놓고 있거든요. 그러면 그 돈을 어떻게 마련할까요? 바로 국채를 찍어내서 마련합니다. 국채를 찍는다는 것은 정부가 시장으로부터 돈을 빌린다는 말인데요. 그럼 연준은 시중은행들이 가지고 있는 국채를 사서 다시 통화량을 늘리고 이자율을 낮추려 할 거고요.

이처럼 미국 정부가 국채를 발행하면서 금리가 밀어 올리는 힘과 연준이 국채를 사줌으로써 금리를 내리려는 힘 사이에서 세계경제는 출렁거리며 불안정한 모습을 이어갈 수밖에 없을 겁니다.

마지막으로 양적 완화가 만들어낸 팬데믹 버블이 계층 간 격차를 확대하고 있는 문제에 대해 설명을 부탁드립니다.

그동안 수많은 경제 위기들을 봐왔지만 이번 코로나19 사태 이후만큼 격차가 커진 경우는 처음입니다. 소위 'K자 회복'이라고 말하는데요. 금융시장을 중심으로, 또 부유층을 중심으로는 굉장히 빠른 속도로 경기가 회복되며 이전보다 오히려 더 좋은 상태로 나아가고 있다면, 반대로 중산층과 저소득층을 중심으로는 실물경제가 굉장히 나쁜 상태에 머물러 있습니다.

코로나19 팬데믹으로 연준이 단행한 무제한 양적 완화는 2008년 글로벌 금융 위기 때와 성격 자체는 다르지 않습니다. 사실 연준의 양적 완화로 공급한 자금은 개인에게 돌아가지 않아요. 이때 연준이 하는 일은 국채나 모기지 채권을 비싸게 사서 금리를 조절하고 시중은행들에게 돈을 주입해주는 거거든요. 그런데 은행들이 이 돈을 자산 시장에만 투자하니 당연히 자산 가격만 오르고 서민층의 생활은 나아지지 않는 부작용이 생기는 것이고요. 이처럼 양적 완화라는 새로운 방식은 위기를 빠르게 극복할 수 있는 반면, 부의 격차를 더욱 크게 벌려놓습니다.

1930년대 대공황 당시만 해도 실물경제의 악화와 자산 가격 폭락의 타격을 입은 계층은 상위 0.1퍼센트의 부유층이었습니다. 대공황 이후 미국의 빈부 격차는 오히려 줄어들었고, 이는 1960년대 미국이 경제적 도약을 하는 아주 큰 계기가 됐고요. 하지만 2008년부터 글로벌 금융 위기 직전 수준을 회복한 2014년까지 6년 동안 부유층은 점점 더 빠른 속도로 부자가 됐고, 코로나19 이후 부의 양극화 수준은 대공황 직전보다 더 큰 폭으로 벌어지고 있습니다.

수많은 불황과 이후 찾아온 위기들에 대한 연구에서 연준은 자산 가격이 하락하고 불황까지 겹칠 경우 큰 위기가 도래한다는 것을 깨달았습니다. 때문에 양적 완화를 통해 자산 가격을 떠받치는 것이고요. 하지만 이 경우 대공황의 위기는 막을 수 있을지언정 장기적으로 심각한 부작용이 뒤따르게 됩니다. 자산 가격 상승에 따라 집과 땅, 주식 등을 보유한 부유층은 위기 속에서 오히려 부를 축적하는 반면, 노동을 통해 소득을 얻는 서민층은 일할수록 점점 더 가난해지는 역설 앞에 절망하게 됩니다.

문제는 이런 부의 격차가 해소되기는커녕 미국을 넘어 전 세계로 퍼져나갈 가능성이 보인다는 점입니다. 막강한 패권을 가진 미국 내의 계층 간 격차는 기업 간 격차로, 또 국가 간 격차나 민족 간 격차로까지 수출될 수 있습니다. 미국이 자국민의 하위 계층을 보호하기 위해 수입이나 고용 등에서 강경한 정책을 사용하면 경제 기반이 약한 국가는 타격을 받을 수밖에 없습니다. 아마 코로나19 팬데믹 이후 가장 큰 화두로 떠오를 이런 문제들 때문에 다음 사회에서는 갈등이 훨씬 더 깊어질 수 있습니다.

결국 인류가 한 발 더 진보하기 위해서는 양극화 문제를 해결해야 합니다. 당장의 불을 끄는 데 급급한 미봉책이 아닌, 여러 불평등의 갈등을 풀어내는 보다 본질적인 대안을 도출해야 합니다. 이것이 향후 수십 년의 미래를 좌우할 인류의 토대가 될 것입니다.

— 글로벌 금융 위기 때 대공황의 경험을 바탕으로 부채 규모를 훨씬 늘려서 위기를 빠르게 돌파했거든요. 대신 그때 쌓아놓은 부채가 전혀 해소되지 않은 상태에서 팬데믹 버블이 바로 일어났기 때문에 부채 위에 부채가 쌓인 것과 다름없습니다. 기초가 튼튼하지 않은 모래성 위의 모래성인 셈이죠.

PART 2

빛이 돈을 버는
생존 게임

기업의 자사주
매입 열풍

#빅테크기업
#주가부풀리기
#탐욕스러운경영자들
#미래성장성훼손

양적 완화가 가져온 세계에서는
새로운 돈의 법칙이 만들어졌습니다.

여기저기 넘쳐나는 팬데믹 머니는
실물경제가 아닌 자산 시장으로만 몰리고 있습니다.

한쪽에서는 빈곤이 더해가는데
다른 한쪽에서는 빚이 돈으로 둔갑합니다.

팬데믹 머니의 힘이 점점 더 강해지는 이유는 무엇일까요.
이를 주도하고 있는 것은 누구일까요.

양적 완화 시대의 가장 큰 수혜자는
다름 아닌 기업이었습니다.

2008년 글로벌 금융 위기 이후
연준은 금리를 0퍼센트에 가깝게 낮추었고
코로나19 팬데믹이 발생하자
난생 처음 회사채를 매입하는 초강수를 두었습니다.

그 결과 미국 기업들은 역사상 가장 낮은 금리로
대규모 현금을 확보할 수 있게 되었죠.
하지만 그 돈은 설비나 인력, 기술 개발 등에 투자되는 대신
더 빠르고 쉬운 길로 빠져나갑니다.

돈 그 자체가 상품이 되는 곳, 바로 주식시장입니다.

기업들은 싼값에 빌린 돈으로
자사주를 매입한 후 배당금을 받습니다.
매입한 자사주를 소각해 주당순이익EPS*을 올리는 방식으로
주가를 부양하기도 합니다.

이런 자사주 매입은 양적 완화 시대에
기업의 가치를 올리면서 가장 쉽게 수익을 낼 수 있는
방법입니다.

• 기업의 당기순이익을 주식 수로 나눈 값. 주식 수가 줄어들면 주당순이익이 높아져 주가 상승의 요인
  이 된다.

자기 회사 주식을 사고 배당금을 받는 것만으로도
3, 4퍼센트의 수익이 나는 상황.

보잉, 애플 등 엄청난 수익을 올리는 세계적인 기업들조차
돈을 싸게 빌려 자사주 매입에 열중했습니다.

양적 완화의 시대,
주가를 끌어올린 주역들은 자사주를 매입한 기업들이었습니다.

팬데믹 이후에도 마찬가지입니다.
2020년 이후 미국 기업들은 자사주 매입을
22년 만에 최대 수준으로 늘렸습니다.

보잉의 경우 초저금리 상황이 계속되자

채권을 발행해 자금을 조달해가면서까지

자사주 매입을 지속했어요.

2013년 이후 보잉이 자사주 매입에 지출한 돈은

443억 달러였는데요.

같은 기간 연구 개발이나 설비 투자 등

미래의 기업 활동을 위해 지출한 금액은

157억 달러에 불과했습니다.

애플은 2012년 자사주 매입 프로그램을 시작한 이후

2020년까지 약 4000억 달러를 자사주 매입에 사용했고요.

— 이하경 브이아이자산운용 글로벌사업본부장

기업들이 자기 회사 주식을 사는 데는 이유가 있습니다.

무엇보다 돈을 빌리는 게 저렴했습니다.

즉 돈을 융통하기가 쉬웠죠.

만약 그 돈으로 자사주를 산다면 주가는 올라갑니다.

주식을 보수로 받는 경영진들에겐 좋은 일이지요.

— 노미 프린스 전 골드만삭스 임원

투자 리스크를 감수하지 않고

어떻게 하면 자기 회사를 겉에서 볼 때 더 좋게 만들까

이런 기업의 화장술의 일환으로 자사주 매입 열풍이 불었고

결과적으로 주가가 크게 상승했죠.

— 윤석천 경제평론가

자신의 배를 불리는 방식을 통해

부자가 된 1퍼센트의 사람들.

그들은 이렇게 만들어낸 재산으로

높은 부의 피라미드 꼭대기에 서 있습니다.

자산 시장의 큰손이 된
개인 투자자들

#주식시장

#암호화폐

#빚투

#임금노동의몰락

미국 S&P500 지수와 임금 상승률

4,000%

2,000%

S&P500

임금

1964년   1990년   2019년

출처: 워싱턴포스터, Federal Reserve

자산 시장의 이런 호황은

일자리를 박탈당하고

제자리 수준의 임금을 벗어나지 못하는

많은 사람들에게 상대적 박탈감을 줍니다.

이제 노동을 통해 버는 돈은

너무나 초라해 보입니다.

예금, 적금으로는 집 한 채조차 사기 힘든 시대,

개인 투자자들은 빚을 내서라도

자산 시장에 몰려들기 시작합니다.

우리나라에서도
국내 주식에 투자하는 '동학개미'
해외 주식에 투자하는 '서학개미'
암호 화폐에 투자하는 '코인개미'가
크게 늘었습니다.

특히 20, 30대 밀레니얼 세대의 유입이
두드러지는데요.

좋은 학교를 졸업해도 안정적인 직장의 문은 좁고
겨우 얻은 일자리도 소득과 정년을,
보장해주지 못하는 상황에서

주식 투자, 코인 투자야말로 경제적 자유를 누릴 수 있는
유일한 길이라고 생각하기 때문입니다.

이들에게 중요한 것은
기업의 가치가 아닙니다.
반등 가능성이 높은 주식을 사서
차익을 내는 것입니다.

지금의 경제가 버블인지 아닌지도
중요하지 않습니다.
기회가 있다면 이를 이용할 뿐입니다.

이제는 밈 주식*이라는 새로운 시대가 시작됐어요.

밈 주식에 뭐가 있을까요.

대표적으로 도지코인이 있죠.

— 알렉스 부스토크 미국 개인 투자자

미국의 소프트웨어 개발자들이

장난삼아 만든 도지코인

"스페이스X가 도지코인을 달까지 보낼 거야."

테슬라 CEO 일론 머스크의 언급으로

도지코인은 한때 시가총액이 50조 원을 넘어섰습니다.

유명 인사의 말 한마디에

급락과 폭등을 반복하는 현상은

현실 경제를 벗어나 작동하는

돈의 불안한 폭주를 보여주고 있습니다.

• 소셜미디어(SNS) 등 인터넷에서 패러디물로 재창조되며 유행하는 주식 종목.

지난 1월, 일부 거래소가
대표적인 밈 주식인 게임스톱 주식 거래를 중지시키자
분노한 시민들이 항의 시위를 벌이기도 했습니다.

그들은 헤지펀드 같은 대형 투자자들이
금융시장을 왜곡시킨다면서
누구나 자유롭게 게임에 참여할 수 있어야 한다고 주장합니다.

이제 개인 투자자들은
힘을 합쳐 조직적으로 행동하며
진정한 자유 시장에서 평등하게 투자할 권리를 요구합니다.

이들은 더 이상 '월가를 점령하라'는 구호를
외치지 않습니다.
오히려 월가처럼 행동하기 시작했죠.
개인 투자자들은 이제 부채를 영혼까지 끌어 모아서
월가와 반대로 투자하면
단체 행동에 성공할 수 있다는 것도 목격했어요.
'빚내서 투자하지 마라'에서
빚내서 투자 안 하면 경제에 관한 공부를 안 하는 사람으로
개인 투자자들의 인식이 변한 결과입니다.

— 이하경 브이아이자산운용 글로벌사업본부장

이제 사람들에게는 돈이 돈을 버는
게임의 룰이 낯설지 않습니다.

팬데믹 머니의 세상에서 이들은
자신만의 생존법을 터득한 것처럼 보입니다.

돈이 홍수처럼 넘쳐나는 시대.
우리는 지금까지 인류가 단 한 번도 가보지 않은
길을 가고 있습니다.

가진 사람들은 화폐 현상에 의해 더 큰 부자가 되고
그 시장에 접근할 수 없는 사람들은 상대적으로 가난해지는
이 현상이 지속될 수밖에 없는데
누가 노동의 가치에 열중할까요.
나는 주식을 살 거고
나는 부동산을 살 거고
나는 암호 화폐를 살 거야.
그게 생존 방식 자체가 돼버렸잖아요.

— 윤석천 경제평론가

그 많은 돈은
어디로 갔을까

#거리의사람들

#연준텐트촌

#빈익빈부익부

#소득격차

양적 완화로 풀린 돈은
모두에게 평등하게 돌아가지 않습니다.

신용이 없는 사람들은
자산 시장으로의 접근 자체를 차단당합니다.

월세를 내지 못한 사람들은
강제 퇴거를 당해 거리로 쫓겨납니다.

> 퇴거 요청서가 온 걸 알았을 때,
> 퇴거 법정에 가기에는 너무 늦었어요.
> 제가 돌아왔을 때 그들은 제 법정 심리가
> 3~4일 후라고 말했습니다.
> 제가 어떻게 할 수 있겠어요?
> 무료로 운행하는 오하이오 시내버스는 운행을 멈췄어요.
> 전 법정에 갈 돈이 없어요.

— 산타 토마스 미국 퇴거 예정 세입자

그들은 사용하던 옷가지와 물건조차 미처 가져오지 못한 채
필요한 것들만 챙겨서 쫓기듯 집을 나옵니다.

이들은 어디로 갈까요?

미국의 수도 워싱턴 D.C.에 자리한
미국의 중앙은행, 연준에서 두 블록쯤 떨어진 곳에는
최근 집을 잃은 빈민들이 지내는 텐트촌이 늘어서 있습니다.

팬데믹 초기 10동에 불과하던 텐트는
점차 늘어나 40동에 이릅니다.

의식주를 충당할 만큼 충분히 벌지 못하면
늘 가난한 사람이 생기기 마련이에요.
전 하루에 12시간씩 일하지만
아파트 월세를 내고 음식을 살 만큼의 돈은 없어요.

— 마리오 미국 워싱턴 텐트촌 기거인

인류 역사상 최대 규모의 화폐 실험으로
세계경제는 간신히 최악의 위기를 모면한 듯했습니다.

하지만 이 과정에서 우리는
그동안 가려졌던 돈의 민낯을 보았습니다.

게임에 뛰어든 사람도, 밖에서 지켜보는 사람도
언제 이 거품이 꺼질까 초조해합니다.

세계를 구하기 위해 쏟아져 나온 팬데믹 머니는
두 개로 갈라진 부의 세계를 더욱 멀리 떨어뜨려 놓았습니다.

INTERVIEW

2020년 국제통화기금IMF은 세계가 2차 세계대전 이후 최악의
불황을 맞을 것이라고 경고했습니다. 다행히 중앙은행과 정부
의 선제적이고 강력한 대응으로 경제가 완전히 붕괴되는 일은
일단 막아낸 것처럼 보입니다. 그런데 이상합니다. 한편에서는
어렵다, 힘들다 앓는 소리가 넘치는데 한편에서는 매일이 파티
분위기입니다. 부동산과 주식 시장은 연일 신고가 행진을 이어
가고 있습니다. 암호 화폐로 큰돈 벌었다는 이야기도 주변에서
종종 들려옵니다. 돈 자체가 부의 증식 수단이 된 양적 완화의
시대, 그 끝이 가리키는 것은 무엇일까요? 기업이 자사주 매입
으로 돈을 버는 메커니즘은 무엇일까요? 젊은이들이 암호 화
폐 시장에 몰리는 이유는요? 가진 자는 더 큰 부자가 되고 없
는 자는 더욱 빈곤에 빠지는 팬데믹 머니의 세계는 언제까지
계속될 수 있을까요?

어둠의 돈은
어떻게 시장을 왜곡하는가

노미 프린스 Nomi Prins 탐사 저널리스트, 전 골드만삭스 임원

중앙은행을 중심으로 한 새로운 권력의 시대를 지적하며 경제 개혁을 거침없이 주장하는 선도적인 금융 전문가다. 리먼브라더스, 골드만삭스 등에서 일하며 월가가 금융 위기의 주범으로서 세계경제에 미치는 영향을 깨닫고, 이후 저널리스트로서 이를 알리기 위해 힘쓰고 있다. BBC, CNN, CNBC 등의 방송과 《뉴욕타임스》《포브스》《포천》 등의 전문지를 통해 다양한 경제 사건들이 금융 시스템에 미치는 광범위한 영향력을 경고한다. 저서로는 『공모Collusion』 등이 있다.

연준의 새로운 통화정책인 양적 완화는 2008년 글로벌 금융 위기를 시작으로 2020년 팬데믹 위기로까지 이어졌습니다. 양적 완화 정책이 도입된 후 어떤 변화가 있었나요?

글로벌 금융 위기 전 중앙은행들은 권한 내의 공식적인 업무를 수행했습니다. 연준은 물가 상승률을 연간 평균 2퍼센트 내로 유지했으며 금리 조정을 통한 통화정책을 시행해 화폐 가치 안정, 완전고용 달성, 경제성장에 도움을 주었습니다. 이는 유럽이나 일본의 중앙은행도 마찬가지였습니다. 하지만 금융 위기의 여파로 연준은 정해진 공식 권한을 넘어 시장에 과도하게 관여하기 시작했습니다. 바로 대량의 돈을 갑자기 창출해서 금융시장에 강제로 주입하는 양적 완화 정책입니다.

성장이나 수익, 세금이 아닌 양적 완화가 경제에 도움이 된다는 논리는 연준을 비롯한 중앙은행의 '말'에 기반하고 있습니다. 하지만 어디에도 양적 완화가 경제에 도움이 된다는 것을 보여주는 실질적인 근거는 없습니다. 실물경제보다는 금융시장에 미치는 영향이 훨씬 더 크고 빠르기 때문에 주식이나 부채, 부동산 등의 자산에만 버블을 형성하고 있죠.

2008년 금융 위기 이후 전 세계의 실물경제는 양적 완화로 불안정해졌습니다. 사람들은 더 이상 안정적이고 지속 가능한 일상적인 성장을 누리지 못하고 있어요. 이런 상황은 지금도 여전합니다. 중앙은행은 돈을 저렴하게 융통할 수 있는 금융 시스템을 마련했고, 이는 실물경제가 아닌 금융시장으로 흘러들어가고 있습니다.

중앙은행들은 양적 완화로 만들어진 돈이 실제로 어디로 갔는지 책임지지 않아요. 돈이 실물경제로 흘러갈 것이라고 말만 할 뿐 실제로는 어떤 추적이나 감시도 하지 않죠. 그러다 보니 중앙은행이 언제 채권을 샀고 얼마의 돈을 창출했는지는 알 수 있어도 돈이 실제 창출된 목적대로 사용됐는지는 아무도 모릅니다. 그런 점에서 양적 완화로 창출된 돈은 곧 '어둠의 돈Dark Money'이라 할 수 있습니다.

2008년 이후 미국의 주식시장은 무려 12년간 최장기 호황을 누렸어요. 그런데 여기에 기업들이 가장 큰 일조를 했다고 들었습니다. 무슨 의미인가요?

기업은 제품을 생산해 돈을 벌고, 은행은 돈을 빌려주고 돈을 법니다. 그렇게 수익을 낸 돈은 새로운 직원을 고용하거나, 성장을 위한 연구 개발에 투자하거나, 기존 직원들에게 더 많은 보수를 주는 등 다양한 방식으로 사용됩니다. 하지만 양적 완화의 시대에는 다르게 돌아가죠. 돈을 매우 저렴하게 빌릴 수 있고, 연준의 저금리 정책에 따라 앞으로도 이자가 매우 저렴할 것 아니까요. 기업들은 군이 리스크를 감수하고 시간과 노력을 들여 수익을 내기보다 돈을 빌려 원하는 곳에 쓰려고 하겠죠.

장기적으로 계속 저렴하게 돈을 빌릴 수 있을 거라는 생각은 금융기관이나 기업을 여기에 의존하게 만듭니다. 금융기관은 저렴한 돈을 빌려주며 수수료를 받고, 기업들은 쉽게 창출된 돈을 자사주를 매입하는 데 사용합니다. 기업으로서 자사주 매입은 자사 가치를 늘리기 쉬운 방법이었죠. 이자가 저렴한 돈을 쉽게 융통해서 자사주를 산다면 주가가 올라갈 거고요. 주식을 보수로 받는 경영진은 더 많은 돈을 벌게 됩니다. 주가가 오른 보상으로 추가 보수를 받은 경영진은 계속해서 쉽게 수익을 낼 수 있는 금융자산을 사들입니다. 미국연방예금보험공사Federal Deposit Insurance Corporation, FDIC에 따르면, 포천 500대 기업에 속하는 미국의 대형 은행들이 2017년 한 해의 순이익 중 99퍼센트를 자사주 매입과 배당금에 썼다는 게 밝혀지기도 했죠.

2008년 글로벌 금융 위기 이후 저렴하게 계속 돈을 빌릴 수 있을 것이라는 기대가 이어졌습니다. 연준은 양적 완화로 일조하며 그런 시장의 분위기를 이어갔어요. 돈을 저렴하게 융통할수록 미래에 생길 부담도 줄었죠. 실질적인 매출을 통해 수익을 내야 한다는 걱정이 없으니까요.

이런 과정에 따라 주식시장에는 엄청난 버블이 생겼습니다. 미국의 GDP가 연평균 2퍼센트 오를 동안 S&P500지수는 연평균 12퍼센트씩 올랐어요. 저렴한 자금은 계속 투자처를 찾다 주식시장으로 흘러들었고 기업들은 자사주를 매입하는 방법을 계속 이용했죠.

이건 미국, 유럽, 일본, 중앙아메리카, 남아메리카, 아시아 등 전 세계에서 일어나고 있는 일이에요. 기업 부채 시장의 새로운 위기는 분명 커지고 있습니다.

2020년 팬데믹 이후에 변화가 있다면, 기업뿐 아니라 개인 투자자들이 주식시장에 대거 등장했다는 점입니다. 그 배경은 무엇이라고 보세요?

원래 주식시장은 특정 투자자들이 힘을 행사했던 곳입니다. 특히 헤지펀드 같은 대규모 투자자들은 보유 자금의 몇 배나 되는 돈을 저렴하게 빌려 특정 주식이나 분야에 투자를 함으로써 주가를 선도하기도 하죠. 시장을 움직이는 그들의 힘은 더 많은 돈을 더 저렴하게 융통할수록 커집니다. 이들에게 실제 기업의 가치는 투자의 중요한 요소가 아닙니다. 오직 특정 기간 내에 특정 회사의 주가를 끌어올리거나 내릴 수 있는지가 중요하죠. 이런 투기성 자본이 주식시장을 도박장처럼 만들고 있습니다.

그런데 팬데믹 이후 양적 완화가 실시되면서 각종 주식 지표들이 역대 최고치를 기록한 데는 놀랍게도 개인 투자자들의 일조가 있었습니다. 많은 사람들이 팬데믹의 여파로 집에 머물게 되면서 경제적 어려움에 처한 반면 대규모 투자자들은 주식시장에서 성과를 이뤄가죠. 이런 모습을 보면서 뒤처지고 있다는 두려움을 가진 사람들이 여기에 동참한 것입니다. 그곳에서는 실물경제에서 볼 수 없는 지속적인 증가세를 볼 수 있었으니까요. 이제 미국을 비롯해 세계적으로도 실제 노동을 통한 임금이나 이를 저축한 일상적인 소득이 아닌 금융자산을 통해 축적한 부의 비율이 더 높습니다. 그런 의미에서 주식 투자는 이제 소득의 수단으로 점점 더 각광받고 있고요. 이런 현상은 계속될 겁니다.

최근 급증한 개인 투자자들은 주식시장에 어떤 영향을 끼치고 있나요? 최근 기관 투자자들에 맞서 주가를 흔든 일도 있었잖아요.

원래 소규모 개인 투자자들은 주식시장에서 헤지펀드나 사모펀드 같은 대형 투자자들에게 밀릴 수밖에 없어요. 그런데 최근 개인 투자자들이 힘을 합쳐 조직적으로 움직이기 시작했습니다. 그들은 온라인 커뮤니티 레딧reddit의 주식 토론방 월스트리트베츠WallStreetBets 같은 가상공간에 모여 정보를 공유하거나 전술적 거래를 약속한 뒤 실제 행동에 옮기기도 합니다.

실제로 개인 투자자들은 팬데믹 기간 동안 특정 주식들을 움직이기 시작합니다. 대표적인 주식이 게임스톱*입니다. 헤지펀드 같은 대형 투자자들은 공매도라고 해서 실제로 보유하지 않은 주식을 빌려서 판 뒤 주가가 하락하면 싼값에 매입해 되갚는 방식으로 차익을 실현합니다. 그러나 게임스톱의 경우 개인 투자자들이 단체로 집중 매수해 주가를 올림으로써 대형 투자자들이 차익을 실현하지 못하도록 막았죠. 400달러까지 치솟은 주가는 실제 기업의 가치와는 상관이 없었습니다. 개인 투자자들이 힘을 합쳐 대형 투자자들이 해왔듯 주가를 움직일 수 있음을 보여준 것입니다.

하지만 대형 투자자들은 법적으로 더 무장돼 있고 정보도 더 많

---

* 오프라인 매장에서 비디오 게임을 판매하는 회사로, 최근 일부 헤지펀드 투자자들이 게임스톱 주가 하락에 베팅한다는 소식이 퍼지자 개인 투자자들이 집중 매수해 주가를 끌어올렸다.

이 알고 있습니다. 이들 또한 힘을 모을 수 있죠. 그 결과 일부를 제외하고는 많은 개인 투자자들이 게임스톱 거래에서 돈을 잃었습니다. 디지털 기술과 거래 어플리케이션 덕분에 개인이 주식시장에 참여하기가 쉬워진 것은 사실이지만, 여전히 대형 투자자들에 비해 정보나 영향력이 제한적이라 불리한 면이 있습니다.

그럼에도 개인 투자자들은 계속해서 주식시장에 점점 더 많이 참여할 것입니다. 이제는 개인 투자자들이 온라인 커뮤니티를 통해 힘을 합쳐 대규모 거래를 할 수도 있고, 분석한 정보를 바탕으로 투자 종목을 공유하고 의견을 교환함으로써 지금까지와는 달리 금융시장에 직접적인 영향을 미치는 것도 가능해졌으니까요.

경제 위기에서 중앙은행들은 양적 완화라는 무기를 쓰는 데 더 이상 주저하지 않는 것 같습니다. 그 부작용은 뭘까요? 앞으로 무슨 문제가 생길까요?

전 세계 경제가 양적 완화에 기반하고 중앙은행이 실물경제가 아닌 금융시장을 지원하고 있는 것은 위험한 일입니다. 지속 가능한 성장을 위해 사용돼야 할 자금이 금융시장으로 흘러들어가 버블을 일으키고 있으니까요. 문제는 이런 상황이 불평등을 심화시킬 수 있다는 것입니다. 자산 버블에 함께 참여한 사람들은 돈을 벌어 또 다른 자산을 획득하게 되지만 참여하지 못한 사람들은 훨씬 뒤처지게 되죠. 부의 불평등은 개인적인 수준에서뿐만 아니라 국가적인 수준에서도 더욱 심화됩니다. 더 많은 돈이 금융시장에 유입되는 선진국과 산업

인프라를 구축해야 하는 개발도상국 사이에서 말이죠. 실제로 전 세계 곳곳에서 선진국과 개발도상국 또는 동양과 서양, 중동 지방 사이에 계속 불안이 조성되고 있습니다.

부의 차이로 인한 개인별, 지역별, 국가별 격차는 점점 더 커져서 여러 갈등을 부추길 겁니다. 여기에 버블이 터져서 사회적 불안이 커지면 상황은 더욱 악화될 테죠. 마치 바닥에 깔린 양탄자를 무작정 끌어당기면 그 위에 쌓여 있던 물건이 쓰러지고 깨지는 것처럼요. 이 때문에 연준을 비롯한 중앙은행들이 정책을 철회해 버블을 꺼트리는 대신 상황을 지속시키려고 하는 것입니다.

더 나은 미래를 위한 대안은 무엇이며, 우리는 무엇을 준비해야 할까요?

우선 금융 위기와 팬데믹 이후 중앙은행들의 통화정책들을 살펴봐야 합니다. 이 정책들로 인해 실물경제와 금융시장 간 격차가 벌어졌으니까요. 따라서 중앙은행에서 창출된 돈이 금융시장과 실물경제에 어떤 영향을 주고 있는지 조사해야 합니다. 만약 경제성장, 일자리 창출, 연구 개발 지원, 경기 안정화 등 실물경제에 긍정적인 영향을 주었다는 것을 밝혀낼 수 없다면, 이 통화정책이 실제 해가 된다는 것을 이해해야 합니다.

특히 세계의 주요 중앙은행들은 자신들이 창출한 돈을 관리하는 데 책임감을 가져야 합니다. 양적 완화로 인해 창출된 돈은 실제 사람들이 삶을 영위하고 그들이 소규모 비즈니스를 운영하는 데 이용

될 수 있어야 합니다. 그들이 부채를 갚을 수 있도록요. 세계의 대형 투자자들과 부유한 개인들이 금융자산을 불리는 데만 돈이 흘러가서는 안 됩니다.

또한 정부는 이미 벌어진 불평등을 완화하기 위해 인프라 투자에 나서야 합니다. 더 나은 병원, 대중교통 네트워크, 학교, 노숙자 쉼터 등을 만드는 데 노력을 집중해야 해요. 이런 사후 구호 노력이 요동치는 금융시장으로부터 사람들을 보호하고 그들이 더 안정적인 삶을 누릴 수 있게 해줄 겁니다.

— 금융 시스템은 마약 중독자이고 연준은 마약 거래상이 된 거예요. 그리고 마약 중독자가 금융 위기 등으로 힘들어하면 실제 문제를 제대로 해결하기보다 일단 마약을 주면서 당장은 버티게 하는 것, 이것이 연준이 시행하고 있는 양적 완화의 본질입니다.

왜 사람들은
비트코인에 열광하는가

홍기훈 홍익대학교 경영학부 교수

디지털 화폐 등 금융시장을 지속적으로 연구해온 경제학자다. 세계 유수의 투자 은행과 캐나다 중앙은행, 자본시장연구원, 시드니 공과대학에서 일하며 쌓은 금융 실무에 대한 경험을 바탕으로 다양한 연구 분석을 수행해왔다. JTBC〈차이나는 클라스〉에 출연해 비트코인의 실체와 시장의 미래에 관한 대중의 이해를 돕기도 했다. 케임브리지대학교에서 경제학 박사 학위를 받았으며 저서로는『ICO의 이해』『국내 미술금융 활성화 전략 및 활용방안』이 있다.

먼저 비트코인이란 무엇인지 간단하게 설명 부탁드립니다.

비트코인이란 블록체인 기술을 기반으로 한 결제 시스템입니다. 블록체인 기술이란 분산 원장 기술의 하나인데요. 쉽게 말해 중앙의 관리자나 데이터 저장소 없이 분산된 네트워크 안의 모든 참여자들이 거래 기록을 합의된 알고리즘에 따라 복제해 서로 공유하는 기술을 말합니다. 중앙 집중식 거래가 아니라 시장에서 거래하는 사람들끼리 서로 직접 거래를 할 수 있는 분산형 시스템이죠.

즉 기록한 거래 내역을 소규모의 데이터 묶음인 블록에 저장한 후 각각의 블록을 체인으로 엮어 위조나 도난, 누락이 일어나지 않도록 하는 플랫폼입니다. 이때 거래 내역을 기록하는 것을 청산이라고 하는데요. 많이 오해하고 있는 것과 달리 비트코인의 청산은 거래가 많은 몇몇 참가자들이 자신의 전기를 이용해서 하는 구조이기 때문에, 모두가 청산을 한다는 말은 사실이 아닙니다.

다시 정리하면, 비트코인이란 블록체인 기술을 기반으로 온라인에서 전자적인 숫자인 코인을 주고받을 수 있게 구현해낸 지급 결제 시스템입니다. 2009년 나카모토 사토시라는 가명의 프로그래머가 가치가 하락하는 기존의 통화를 대신할 새로운 화폐를 개발하겠다는 발상에서 만들었다고 알려져 있습니다.

그럼 비트코인을 화폐라고 볼 수 있을까요?

비트코인은 화폐와는 다릅니다. 화폐란 교환의 매개체로서 역할을 하면서 동시에 상품의 교환 가치를 나타내는 척도가 돼야 합니다. 가치가 쉽게 변동되지 않아야 하는 것입니다. 식당에서 음식의 가격이 분 단위로 바뀐다면 음식의 실질적인 가치를 알 수 없겠죠. 그런 면에서 비트코인은 가치의 변동성이 너무 커서 화폐로서의 신뢰를 얻을 수 없죠. 게다가 비트코인은 가치조차도 원화 또는 달러로 표기됩니다. 우리는 1비트코인이 얼마냐고는 묻지만 천 원이 얼마냐고는 묻지 않죠. 따라서 현재 비트코인은 화폐라기보다는 가상 자산의 한 종류라고 보는 게 맞습니다.

팬데믹 이후 비트코인이 각광받고 있는 이유는 뭐라고 생각하세요?

무엇보다 가치가 상승했기 때문입니다. 한편에서는 연준이 단행한 양적 완화가 비트코인의 가치를 높이는 요인이라고 말하기도 하는데요. 2008년 글로벌 금융 위기 이후 경제성장이 더딘 가운데 인플레이션의 위협은 도사리고 있습니다. 경제 성장이란 생산량의 증가를 의미하죠. 이때 화폐 공급량이 함께 증가하면 물가는 변동되지 않습니다. 하지만 생산량에 비해 화폐 공급량이 빠르게 늘어나면 물가가 상승합니다. 반면 화폐의 공급량은 그대로인데 생산량이 늘면 디플레이션이 나타나겠죠. 현재 세계경제는 성장 없이 화폐 공급량만 늘어나는 인플레이션을 경험할 가능성이 높습니다.

하지만 인플레이션으로 화폐 가치가 하락하는 것이 비트코인을 사야 하는 직접적인 이유가 되지는 않습니다. 화폐의 가치가 하락하면 나머지 자산의 가치가 오르기는 하겠지만, 사람들이 갖길 원하는 자산이 되려면 내재적인 가치가 존재하거나 시장 메커니즘이 작동해야 한다는 전제가 필요합니다.

내재적 가치란 시장에서의 가치와는 별개인 근본적이고 실질적인 가치, 즉 사용 가치를 의미하는데요. 예를 들어 금은 내재적 가치는 없지만 사람들이 원하는 자산입니다. 부동산은 내재적 가치도 있고 사람들이 원하는 자산일 테고요. 비트코인은 내재적 가치는 없지만 현재 사람들이 가장 원하는 자산 중 하나인 것 같습니다. 만약 사람들이 계속 비트코인을 원한다면 그 가치는 더욱 높아질 것입니다. 그런 면에서는 화폐도 마찬가지고요.

그렇다면 여기서 '왜 지금 사람들이 비트코인을 원하는가?'라는 질문을 할 수밖에 없는데요. 다른 자산에 투자하고 싶어도 현실적으로 제약이 많기 때문입니다. 먼저 부동산은 판매하기 전까지는 가치가 실현되지 않은 미실현이익이기도 하고, 단가도 매우 높고 청약 등의 제약 조건도 있어서 접근하기 어렵고요. 주식은 이미 사상 최고치를 갱신하고 있는 시점이라 진입이 어렵죠. 결국 빠르게 돈을 벌어야겠다는 강박과 가상 자산의 높은 가치 변동성 때문에 비트코인으로 투자가 몰리는 것입니다.

2022년을 앞둔 현재 비트코인이 6만 달러를 넘는 등 최고가를 갱신하고 있습니다. 이런 비트코인 투자 열풍을 어떻게 보시나요?

과거에만 하더라도 처음 비트코인을 거래하는 사람들은 블록체인 기술 자체에도 관심이 있었습니다. 미래의 혁신적인 시장, 미래 산업에 대한 궁금증이 있었죠. 하지만 현재 비트코인 투자자들 중 블록체인 기술을 공부하는 경우는 거의 없을 것입니다. 그들의 목적은 분명합니다. 돈을 벌고 싶은 거죠. 투기를 하는 데 어떤 기술이 사용됐는지는 중요하지 않으니까요. 사실 우리도 현금을 사용할 때 화폐 종이에 어떤 위조 방지 기술이 사용됐는지 모르긴 하죠. 화폐가 만들어지는 과정도 그렇고요.

비트코인도 마찬가지입니다. 비트코인이 미래 기술이라는 점 때문에 투자하는 거라면 굳이 지금이 아닌 기술이 완성된 다음에 투자하는 것이 맞겠죠. 하지만 사람들은 더 이상 블록체인 기술이나 암호 화폐의 생산 과정 등을 이해하려고 하지 않습니다. 그런 거 몰라도 투자는 충분히 가능하니까요. 부동산과 주식 가격의 급등으로 다른 사람들은 모두 돈을 벌고 있는데, 나만 못 번 것 같은 불안함에 투기 판에 뛰어드는 것입니다.

결국 사람들이 비트코인을 원하는 이유는 두 가지밖에 없습니다. 미래에 가치가 오를 것이라는 기대, 그리고 혁신이죠. 기대는 시장이 가라앉으면 언제든지 꺼질 수 있습니다. 이미 2017년에 한 번 폭락을 경험했죠. 혁신의 이미지 또한 새로운 미래 아이콘이 나오면 깨질 수 있습니다. 비트코인이 개발된 지도 이제 10여 년이나 지난 데다 혁신은 언제 어디서든 일어나 사양 산업과 사양 업종을 끊임없이 만들어내니까요. 결국 믿음이 깨지면 비트코인 시장은 신기루처럼 사라질 수 있다고 생각합니다.

특히 젊은 층이 비트코인에 많이 투자하는 것 같거든요.

많은 사람들이 비트코인 시장의 주요 투자자들을 20대의 젊은 층이라 생각합니다. 물론 주위를 보면 대부분의 20대가 비트코인에 투자를 할 만큼 많이 노출돼 있기는 합니다. 하지만 20대 자금의 절대적 규모는 그리 크지 않아요. 코인 시장의 유동성을 만든 것은 40대 이상입니다. 그들은 부동산 또는 생계에 투자해야 할 자금, 또는 대출로 일으킨 빚을 비트코인에 투자합니다. 20대가 몇 천만 원 수준이라면 40~50대는 몇 십억 원대를 넘어갑니다.

최근 가상 자산 시장이 커지는 걸 보면 좀 무섭기도 해요. 주식이나 부동산이 이미 한껏 가격이 높아진 시점에서 쫓아가지 못한 사람들이 마지막 기회라고 생각하고 모험을 감수하는 듯 보여요.

가상 자산 열풍은 우리 사회의 투기 성향 지출이 전반적으로 늘어났다는 것을 보여주는 일면입니다. 비트코인 외에 로또나 강원랜드의 예를 살펴봐도 그렇죠. 로또 판매도 사실상 사상 최대치를 갱신하고 있잖아요. 한탕을 해야만 한다는 강박이라고 할까요. 2008년 글로벌 금융 위기 이후 자산 시장에 자금이 집중되면서 위험을 감수하고서라도 기회를 얻어야 한다는 조급함이 생기기도 했고요.

문제는 이런 투기 성향의 투자가 고착화될 경우 성공하지 못한 훨씬 대다수의 사람들은 원인을 사회구조가 아니라 자신의 잘못으로 돌린다는 점입니다. 기회가 공평하게 주어졌다는 착각 속에서 돈 벌 기회를 놓친 스스로를 자책하는 거죠. 이는 중산층의 위기를 만들 수 있습니다. 한 국가가 튼튼한 경제구조를 바탕으로, 발전과 성장을 이루는 데 핵심적인 역할을 하는 계층이 무너질 수 있는 것입니다.

특히 주목할 점은 고액 자산가들은 위험 회피 성향이 더욱 높아져 보수적으로 투자하는 반면, 소액 투자자들의 위험 회피 성향은 낮아져 더 공격적인 투자 성향을 보인다는 것인데요. 이들은 실패하면 판에서 아예 퇴장할 수밖에 없습니다. 그 결과 중산층의 위기를 더욱 심화시키게 됩니다.

테슬라 CEO 일론 머스크 Elon Musk**는 왜 비트코인에 투자한 건가요?**

일론 머스크가 비트코인에 투자한 시점은 이미 오래전입니다. 가격이 오를 것이라 생각하고 투자했겠죠. 하지만 그 정도 규모의 큰 회사를 가진 사람이 여기서 몇 억 더 번다고 살림살이가 확 좋아지거나 그러진 않거든요.

머스크가 비트코인 시장에서 얻고자 하는 것은 돈보다는 이미지일 겁니다. 비트코인 시장에 영향을 미칠 수 있는 혁신의 아이콘이라는 이미지를 얻는다면, 기존 자본시장에서 추가로 자금을 조달해야 할 때 훨씬 많은 돈을 조달할 수 있을 테니까요. 즉 그는 비트코인 시장을 이용하고 있는 거죠.

비트코인 시장의 미래는 어떤 식으로 전개될까요?

비트코인 시장의 미래는 예측이 불가능합니다. 미국의 세계적인 투자은행 골드만삭스나 JP모건도 비트코인에 대한 전망을 내놓고 있지만, 그들이라고 해서 미래 수요자들의 생각을 현재 시점에서 맞힐 수는 없습니다. 다만 투자자들이 비트코인을 혁신이라고 느끼지 않거나, 가격이 오르지 않을 것이라 생각하면 폭락의 가능성은 있겠죠. 신규 자본의 유입이 멈추는 상황도 마찬가지고요. 비트코인은 철저히 시장 수급에 의해서 가치가 결정되는 구조니까요.

비트코인은 한 사람에게 돈을 몰아주는 제로섬게임과 같습니다. 이득과 손실을 합하면 결국 제로가 되죠. 누군가에게는 돈을 몰아줘야 하고, 이를 끝까지 쥐고 있을 사람도 없다는 것을 모두 잘 알고 있습니다. 누군가의 주머니에서 나온 원화가 또 다른 누군가의 주머니로 들어가죠. 이건 불변의 진리입니다. 결국 소액 투자자들로 누군가 성공하는, 전형적인 다단계가 될 수 있어요.

1920년 이탈리아계 미국 이민자 찰스 폰지Charles Ponzi는 신규 투자자들의 투자금으로 기존의 투자자들에게 약속한 배당금을 지급하는 금융 사기를 저지릅니다. 비트코인 시장이 움직이는 원리도 이와 크게 다르지 않습니다. 수익을 내려면 누군가 내어준 원화로 비트코인을 바꿔야 하니까요. 원화를 공급해줄 신규 진입자들이 없다면 비트코인 시장은 지탱될 수 없습니다. 물론 시장이 언제 그 판단을 하느냐는 절대 알 수 없죠. 비트코인의 최후는 아무도 모릅니다.

— 남들은 다 돈을 벌고 있는데 나는 벌지 못했다는 초조함, 돈을 빠르게 벌어야겠다는 강박이 변동성이 큰 자산을 찾아다니게 만듭니다. 그리고 거기에 딱 들어맞는 것이 비트코인이었던 거죠.

PART 3

화려한 돈의 파티,
그 이후

미국이
부활하다

#백신접종

#소비심리회복

#정상화선언

#경제성장

이곳은 전 세계 돈의 흐름을 가장 먼저 읽어내야 하는 딜링룸.
평소보다 이른 시간부터 긴장감이 맴돕니다.

1년 8번의 정기 회의를 통해 미국의 통화, 금리 정책을 결정하는
연방공개시장위원회의 발표에 모든 이목이 집중돼 있습니다.

최근 미국에서 변화의 조짐이
눈에 띄게 나타나고 있기 때문입니다.

2020년 4월 30일,

디즈니랜드는 400여 일 만에 문을 열었습니다.

얼어붙었던 소비 심리가 살아날 기세를 보입니다.

같은 달, 미국 소비자물가지수는

13년 만에 최대 폭으로 올랐습니다.

4월 미국 소비자물가지수 전년 동기 대비 4.2퍼센트 상승

— 2021년 미국 노동부 발표 자료

팬데믹 머니

이처럼 미국 경제가 빠르게 살아나는 이유는
백신 접종 덕분입니다.

같은 해 5월, 미국의 백신 접종률이
40퍼센트 이상으로 늘어나자
미국 질병예방통제센터CDC는 백신 접종을 맞은 사람의 경우
마스크를 쓰지 않아도 된다는 변경된 지침을 내렸습니다.

바로 그날,

바이든 미국 대통령은

마스크를 벗고 카메라 앞에 섰습니다.

> 오늘 대단한 이정표를 세웠다고 생각합니다. 멋진 날이에요.
> 이번 권고안은 우리가 많은 미국인들에게 빠른 속도로
> 백신 접종을 실시한 놀라운 성공이 있었기에 가능했습니다.
> 백신을 완전히 다 맞았다면
> 더 이상 마스크를 쓸 필요가 없습니다.
>
> — 2021년 5월 13일 조 바이든 미국 대통령

정체불명의 바이러스 공포를 딛고

미국을 시작으로 다시 한번,

세계경제가 위기를 딛고 일어서리라는

희망을 갖게 하는 순간이었습니다.

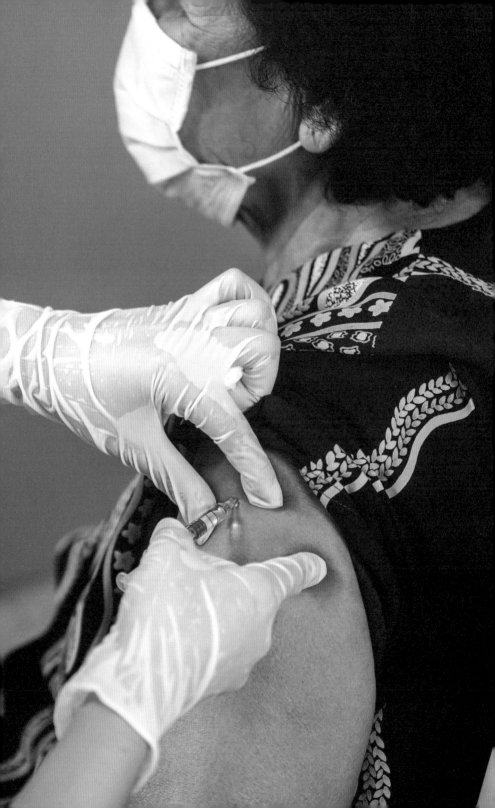

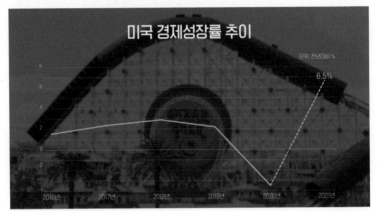

 미국 경제성장률 추이

단위: 전년대비 %

6.5%

2016년 2017년 2018년 2019년 2020년 2021년

출처: 미 상무부

코로나19 사망자 또한 크게 줄어들면서
미국 경제가 예상보다 빠른 속도로
회복될 것이라는 기대가 맴돌았습니다.

여기에 바이든 대통령은 유례없는
초대형 경기 부양책까지 쏟아냈습니다.

2차 세계대전 이후 가장 큰 규모로 일자리에 투자할 겁니다.
미국의 망가진 곳들을 보수하기 위해
수백만 명의 국민들이 일하게 될 것입니다.

— 2021년 4월 7일 조 바이든 미국 대통령

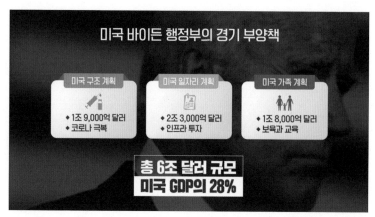

출처: 백악관 홈페이지

바이든 행정부의 경기 부양책은 모두 합쳐 약 6조 달러,
미국 GDP의 28퍼센트에 해당하는 천문학적 규모입니다.

역사상 유례없는 돈 풀기로
다른 어떤 국가보다 화려한 부활을 예고하고 있는 미국.
코로나19 사망자 수가 가장 많은 이 나라는
과연 코로나19에서 가장 먼저 일어설 수 있을까요.

현재 시장은 이 위기를 기회로 보고 있습니다.
더 많은 돈, 더 많은 지원금이 유입되고 있으니까요.

— 케빈 니콜슨 리버프론트 최고투자책임자

인플레이션
논쟁

#유동성역습

#원자재값폭등

#화폐가치하락

#자산버블

미국 경제가 빠른 회복세를 보이자
풀린 달러가 경기 회복을 넘어
경기 과열을 일으킬 것이라는
인플레이션 논쟁에 불이 붙기 시작합니다.

한 세대 내에서 경험하지 못한
인플레이션 압력을 유발할 수 있을 것이다.

— 래리 서머스 전 미국 재무장관

막대한 유동성 공급이
인플레이션 리스크를 키우고 있다.

— 레이 달리오 브리지워터 회장

인플레이션 재앙 없을 것.
겁먹지 마라.

— 폴 크루그먼 뉴욕시립대 교수

현재 인플레이션은 통제가 가능하다.

— 재닛 옐런 미국 재무장관

만약 인플레이션이 온다면 어떤 문제가 생길까요?

먼저 물가가 큰 폭으로 상승하면
지금과 같은 방식의 경기 부양은 불가능합니다.
화폐 가치가 떨어진 상황에서 더 많은 돈을 뿌리는 것은
물가 상승을 더욱 부추기기 때문입니다.

또한 금리보다 비싼 물가에 대부분의 돈은
예금이나 투자가 아닌 자산에 몰려 버블을 키우게 됩니다.

폭등한 원자재 가격은
인플레이션의 또 다른 압박 요인입니다.
원자재 가격이 오르면 제품의 가격이 오르는
연쇄 반응이 일어날 수 있습니다.

화폐 가치가 쪼그라든 만큼 주머니가 가벼워지자
사람들은 허리띠를 졸라매기 시작합니다.
줄어든 구매력만큼 임금 인상 압력도 거세지죠.
그 결과 전방위적으로 경기 침체가 더욱 가속됩니다.

곡물
70%↑

원유
91.2%↑

목재
75%↑

철강
70%↑

출처: 월스트리트 저널

시장을 둘러싼 인플레이션에 대한 우려로
전 세계는 연준의 행보,
특히 연준 의장인 제롬 파월의 '입'에 주목합니다.

팬데믹이 찾아온 지 1년 남짓 지났다는 얘기로
시작하겠습니다.
되돌아보면 세계적으로 급변하는 팬데믹 상황에서
가장 큰 역할을 하는 분들은
바로 의료계 종사자들과 전문가들입니다.
오늘 연방공개시장위원회는 금리를 0퍼센트대로 유지하며
대량의 자산 매입(양적 완화)을 이어가기로 했습니다.
이런 조치들은 금리와 대차대조표에 대한
우리의 확고한 지침하에 이뤄질 것이며
경제가 완전히 회복될 때까지
강력한 지원책을 계속 이어갈 것을 보증합니다.

— 2021년 3월 17일 제롬 파월 미 연준 의장

제로 금리를 유지한다는 파월의 발표가 나오자
요동치던 주식시장은 곧바로 반등했습니다.

하지만 연준이 영원히 금리를 올리지 않기란 쉽지 않을 겁니다.
2021년 11월, 연준은 양적 완화 축소 계획을 발표했습니다.
예상보다 길어지는 인플레이션 추이를 예의 주시하면서
긴축으로의 전환을 꾀하겠다는 의지를 밝힌 것인데요.

전례 없는 엄청난 규모의 돈 풀기가 있었던 만큼
그 돈을 회수했을 때 무슨 일이 생길지는
지금으로서 어느 누구도 예상할 수 없습니다.
미국의 금리 조정을 둘러싼 글로벌 경제의 불확실성은
내년까지 계속 고조될 것으로 보입니다.

그래서 미국은
언제 금리를 올릴까

#점도표
#금리인상
#이자부담
#부채위기

인플레이션에 대한 우려 속에

세계경제가 주목하는 것은

연방공개시장위원회의 점도표dot plot입니다.

점도표란 18인*의 연방공개시장위원회 위원들이

향후 예상되는 기준 금리를 점으로 찍어 표시한 것으로,

금리 인상의 경로를 보여주는 중요한 지표입니다.

* 연방공개시장위원회 위원은 7명의 연방준비제도이사회 이사와 12명의 연방준비은행 총재를 합하여
  19명으로 구성되며 2021년 11월 현재 1석이 공석이다.

미국 연방준비제도 기준 금리 전망

2020년 12월 점도표

(단위: %)

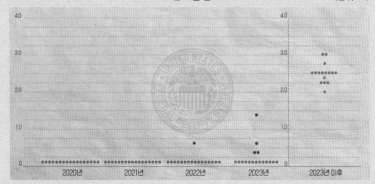

2021년 3월 점도표

출처: Fed

특히 2022년 중 금리 인상을 예상한 위원들의 수는
작년 1명에서 올해 4명으로 크게 늘었습니다.

지난 9월에 발표된 점도표는
연준이 예상보다 금리 인상을 서두를 가능성을 암시합니다.
위원들 중 무려 절반이 2022년 말까지
첫 금리 인상이 있을 것으로 내다봤습니다.

인플레이션 전망치도 조정되었습니다.
2021년 인플레이션 전망치는 지난 6월 3.4퍼센트에서
9월 4.2퍼센트로 수정되었습니다.
이는 전 세계가 인플레이션의 위험에 노출돼 있으며,
금리 인상의 시기가 일찍 도래할 수 있는 상황이라는 뜻입니다.

우리 경제가 과열되지 않도록
금리를 다소 올려야 할지 모릅니다.

— 2021년 5월 4일 재닛 옐런 미국 재무장관

글로벌 신용평가회사 무디스 애널리틱스는

2021년 5월 24일 기준,

전 세계 GDP 대비 부채 비율이 366퍼센트라고 밝혔습니다.

금리가 오르면

자산 시장이 불안정해지는 것은 물론

생활 자금으로 대출을 받은 서민 경제가

심각한 타격을 받을 수 있습니다.

무제한으로 창조돼 세계경제에 흩뿌려진 달러는
코로나19 팬데믹의 위기로부터 세계를 구한 듯합니다.

하지만 미국이 금리를 인상하는 순간,
그 파급력이 세계경제를 요동치게 만들 것입니다.

달러는 언제부터 세계를 뒤흔들 만큼의
막강한 힘을 갖게 됐을까요.

달러가 세상을 움직이기 시작한 시점으로
거슬러 가보겠습니다.

INTERVIEW

코로나19라는 전 지구적 위기를 극복하기 위해 역사상 최대 규모의 화폐 실험이 시작됐습니다. 그로 인해 넘쳐나는 유동성과 백신 보급 및 경기 회복에 대한 기대, 곡물이나 원유 등 국제 원자재 가격의 상승이 겹치면서 물가가 빠른 속도로 높아지고 있습니다. 이렇게 실물경제가 아직 회복되지 않은 상태에서 급격한 인플레이션이 발생하면 서민 고통이 가중되고 소비와 투자 활력이 떨어져 살아나려는 경제가 다시 가라앉는 꼴이 될 수 있습니다. 과연 현재의 인플레이션은 일시적인 현상에 그칠까요? 인플레이션이 발생하면 우리 경제에는 어떤 문제가 발생할까요?

인플레이션은
왜 발생하는가

김진일 고려대학교 경제학과 교수
통화정책을 전문으로 하는 거시경제학자다. 1996~1998년, 2003~2011년 미국 연방준비제도이사회에서 통화정책 전략과 거시경제 모형에 대해 연구 및 분석하는 일을 했다. 1998~2003년 버지니아대학교에서 학생들을 가르쳤으며, 1998년과 2007~2009년에는 미국 조지타운대학교에서 경제학과 비상임교수로 재직했다. 2010년부터는 고려대학교 경제학과 교수로 재직 중이다. 2012년에 제42회 매경 이코노미스트상을 수상했다. 서울대학교를 졸업한 뒤 미국 예일대학교 대학원에서 경제학 박사 학위를 받았으며, 저서로 『동태적 거시경제학: 성장과 변동』(공저) 등이 있다.

2021년 3월 연준이 "2023년까지 금리 인상은 없다"고 발표했음에도 미국의 장기금리가 상승한 게 화제였습니다. 물론 백신 보급에 따른 경제 회복에 대한 기대도 한몫했겠지만 인플레이션에 대한 우려가 반영된 결과라는 의견도 있는데요. 이처럼 최근 인플레이션에 대한 우려가 나오는 이유는 무엇인가요?

코로나 이전으로 거슬러 올라가서 아주 길게 보면 2008년 글로벌 금융 위기 이후에 돈이 굉장히 많이 풀렸습니다. 그런데 이번 코로나19 사태 때 풀린 돈이 2008년 이전과는 비교도 안 될 정도로 많습니다.

정책 당국이 그렇게나 많이 돈을 푼 이유는 거꾸로 이야기하면 사람들이 돈을 안 써서 그런 거거든요. 그런데 앞으로 경제가 좋아지기 시작하면 사람들이 돈이 쓰기 시작할 테니까 인플레이션이 발생할 수 있습니다.

그렇다고 인플레이션 자체가 문제인 건 아니고요. 인플레이션이 생기면서 중앙은행이 금리를 올리게 되는데, 그로 인해 자산 가격이 대부분 떨어지는 상황 등을 염려하는 것입니다.

경제 개념이 낯선 독자들을 위해 기초적인 질문을 하나 드릴게요. 돈이 많아지면 왜 물건의 가격이 올라가나요?

가정을 하나 하겠습니다. 대한민국에 사과가 매년 100개씩 하늘에서 떨어진다고 해봅시다. 대한민국에는 도는 돈은 만 원이고요. 그 만 원어치 화폐는 1년에 한 번씩 손바꿈을 합니다. 그 손바꿈은 사과로 만 이루어지고요. 자, 그러면 100개의 사과가 있고 돈은 만 원이 있으니까 사과는 개당 100원이겠죠

그런데 아주 간단하게 얘기해서 돈이 두 배로 풀려서 이제 2만 원이 있다고 합시다. 다른 조건은 동일해요. 다시 말해 돈은 한 번씩 밖에 돌지 않고 사과도 여전히 100개입니다. 그러면 사과의 개당 가격은 200원이 돼야겠죠. 이처럼 돈이 많이 풀리고 다른 조건이 동일하다면 돈이 풀린 만큼 물건의 가격이 오른다고 이해하시면 됩니다.

인플레이션이 발생하면 어떤 문제가 생길 수 있나요?

다시 사과를 예로 들어보겠습니다. 여기 사과를 키우는 과수원 주인이 있어요. 그런데 갑자기 사람들이 사과를 많이 먹기 시작해서 수요가 늘어났어요. 그러면 사과 가격이 올라가겠죠? 과수원 주인은 전과 똑같이 일하는데 돈이 많이 들어오니까 너무 좋을 거예요. 이를 수요 견인 인플레이션이라고 합니다.

한편 홍수나 가뭄 같은 자연재해로 인해 사과 수확량이 줄어들어 사과 가격이 올라갈 수도 있습니다. 이를 비용 인상 인플레이션이라고 해요.

사실 인플레이션을 무조건 좋다거나 나쁘다고 단정하긴 어려워요. 적절한 인플레이션은 국민경제가 잘 돌아간다는 증거로 받아들일 수 있지만, 그 '적절한' 수준이 어느 정도냐고 묻는다면 사실 정답

은 없거든요. 우리나라나 미국 같은 경우에는 2퍼센트의 인플레이션을 적절한 수준으로 보고 그에 맞춰 통화정책이 이뤄지고 있습니다.

코로나19 사태를 극복하기 위해 어마어마한 돈이 풀렸잖아요. 일각에서는 이 때문에 굉장히 높은 인플레이션, 그러니까 하이퍼인플레이션hyper-inflation**, 초인플레이션이 일어나 모든 것을 바꿀 거라고 경고하기도 하는데 어떻게 생각하세요?**

지금까지 우리 세대가 경험하지 못한 인플레이션이 올 것이라고 주장하는 유명한 분이 래리 서머스Larry Summers 교수나 올리비에 블랑샤르Olivier Blanchard 박사인데요. 이들은 앞으로 우리 경제가 진짜 처절한 고통에 시달릴 거라고 걱정하죠. 그 반대편에는 지금 연준 의장 자리에 있는 제롬 파월Jerome Powell이나 재무장관인 재닛 옐런Janet Yellen, 또 노벨 경제학상을 받으셨고 대중과 언론에 잘 알려져 있는 폴 크루그먼Paul Krugman 교수가 있습니다. 이들은 2008년 이후에 지난 15년 동안 돈이 전보다 5배 이상 풀렸는데도 지금까지 인플레이션이 생기지 않았으며 위험한 수준의 인플레이션이 발생하더라도 잡을 방안이 있다고 이야기합니다. 오히려 인플레이션에 대한 걱정 때문에 너무 이르게 돈줄을 죄게 되면 세계경제가 돌이킬 수 없는 장기 침체, 디플레이션에 빠지게 될 수 있다고 경고하죠. 현재까지도 미국 내에서 논쟁이 팽팽합니다.

2008년 이후에 그전보다 다섯 배나 많은 유동성이 생겼는데도 왜 인플레이션이 오지 않았나요?

제가 아까 사과 시장 이야기를 하면서 돈이 만 원에서 2만 원으로 늘어 나는 것 외에 다른 조건은 똑같다고 전제했죠. 그중 하나가 돈을 1년에 한 번 손바꿈을 한다는 거였는데요. 이를 경제 용어로 화폐유통속도라고 합니다. 돈을 1년에 한 번 손바꿈 한다는 건 쉽게 말해 중앙은행이 1원 공급했을 때 그 1원이 1년에 시중에 한 번 돈다는 뜻이고요. 만약 시중에 네 번 돌면 4원이 공급된 것과 같은 효과를 갖습니다.

그럼 통화량이 다섯 배로 늘어나지만 돈이 도는 속도가 5분의 1로 줄어들면 어떤 일이 일어날까요? 5만 원이 열 번 도는 것하고 25만 원이 두 번 도는 것하고 비교했을 때 시중에는 결국 50만 원어치의 화폐가 돌고 있는 거거든요. 즉, 돈이 풀려도 돈이 도는 속도가 줄어들면 결과적으로 아무 효과가 안 납니다.

이는 돈이 어디엔가 고여 있다는 뜻이기도 합니다. 예를 들어 기업들이 투자를 안하고 개인들은 소비를 안 하는 거죠. 미래가 불안하니까 지출을 미루고 돈을 쌓아두기만 하는 겁니다. 또 자산 시장에 돈이 흘러 들어가기만 하는 경우도 생각해볼 수 있습니다. 특히 부동산의 경우 돈이 묶일 위험이 크죠.

신기하게도 인플레이션은 없었는데 자산 가격은 엄청 상승했어요. 오히려 디플레이션을 걱정해야 하는 것 아니냐는 이야기가 나오고 있어요. 어째서 이런 일이 발생하는 건가요?

아까 이야기한 사과(상품) 외에 사과나무를 심는 부지(자산)가 있다고 해봐요. 정부가 돈을 많이 풀었는데, 사람들이 사과를 먹고 싶어 하면 그 돈이 사과 시장으로 흘러들어가 사과 가격이 오를 테고요. 그렇지 않고 땅을 사는 데 쓰면 땅 가격이 올라가겠죠. 그런데 2008년 금융 위기 당시 사람들이 불안하니까 사과보다는 땅을 많이 샀어요. 그러다 보니 사과 가격은 변함이 없었죠. 그런데 인플레이션이라고 하면 사과의 가격, 즉 재화와 서비스의 가격이 상승하는 걸 말하지 땅의 가격, 다시 말해 자산 가격의 상승을 의미하지는 않거든요. 그래서 집값은 오르는데 인플레이션은 생기지 않는 현상이 발생하는 겁니다. 실제 우리나라 소비자물가지수에는 전월세만 반영됩니다.

문제는 실물경제는 개선되지 않았는데 자산 시장만 뜨겁다는 거예요. 돈이 사과로도 흘러가야, 즉 사람들이 그 돈으로 사과를 더 사 먹으려고 해야 수요가 늘어나서 과수원 주인들이 사람들도 더 많이 고용하고, 비료도 더 많이 구입하고, 일 잘하는 직원들 월급도 올려주고, 품종 개량 등의 연구 활동도 지원 할 텐데요. 그저 땅에만 돈이 몰리는 거죠. 그러면 땅 가격은 올라갈 테니 땅을 소유한 사람들은 굉장히 부자가 되겠죠. 그럼 너도나도 사과를 사지 않고 오히려 사과를 먹고 싶은 마음을 참으면서까지 땅을 사려고 듭니다. 불안하니까요. 그러면 사과 수요가 떨어져서 오히려 가격이 하락하는 디플레이션이 발생할 수 있는 거죠.

늘어난 화폐가 인플레이션을 만들 수도, 반대로 디플레이션을 만들수도 있군요. 마지막 질문입니다. 이게 세계경제 또는 우리 경제에 미치는 영향은 무엇일까요? 좋은 점도 있을 것 같고 우려되는 점도 있을 것 같거든요.

미국이라는 어마어마한 소비 시장이 살아나면 GDP 중 수출입 비중이 높은 우리나라 경제에도 분명 도움이 됩니다. 미국은 경제 규모가 크기 때문에 글로벌 경제를 끌고 나가는 기관차 같은 역할을 하거든요. 문제는 나라마다 끌려가는 속도가 다르다는 점입니다. 미국이 경제 회복을 위해 풀었던 돈을 회수하려 할 때, 전 세계에서 골고루 회수되는 경우는 없습니다. 그러다 보니 어떤 나라는 미국이 유동성을 줄이거나 금리를 인상하려 할 때 큰 충격을 받을 수도 있어요.

통화의 시대는 가고
재정의 시대가 온다

김학균 신영증권 리서치센터장

자본시장의 흥망성쇠를 다년간 몸소 체험하며, 개인 투자자들에게 성패의 핵심
요인을 조언하고 함께 교감하려 하는 투자 분석가다. 신한금융투자, 한국투자증
권, 대우증권 리서치센터에서 일하며 기관 투자가들이 선정하는 '베스트 애널리스
트'에 수차례 선정됐다. 성균관대학교 경제학과를 졸업했으며, 저서로는 『주식투
자』, 공저서로는 『부의 계단』 『기억을 공유하라! 스포츠 한국사』가 있다.

요즘 돈이 참 문제인 것 같습니다. 돈을 찍어낼 수 있는 중앙은행의 권력은 언제부터 생겼다고 볼 수 있을까요?

1971년 8월 15일은 돈이 금의 속박으로부터 벗어난 굉장히 역사적인 날입니다. 그날 닉슨 대통령의 금태환 중지 선언이 있었죠(이를 닉슨 쇼크Nixon Shock라고 해요). 사실 지폐는 종이 쪼가리에 불과하거든요. 그럼 무엇이 통화의 가치를 보장할 수 있을까요? 처음 지폐가 만들어졌을 때는 그 가치를 금에 연동시켰어요. 가지고 있는 금의 양만큼만 돈을 찍어낼 수 있었죠. 이걸 금본위제라고 하는데 그 역사가 굉장히 깁니다.

그런데 금본위제는 치명적인 약점이 있습니다. 돈이 금에 묶여 있다 보니 경기가 나빠져도 정부에서 돈을 풀 수가 없어요. 그러다 보니 불황이 굉장히 오래 갔습니다. 한 번 오면 30, 40년은 갔어요. 그래서 저는 금본위제가 야만의 산물이라고 생각합니다.

결국 미국은 1920년대 대공황에 직면했을 때 대내적으로 금본위제를 폐지합니다. 유럽에 있는 다른 나라들도 1, 2차 세계대전을 거치면서 금본위제를 포기했어요. 전쟁 치르려면 필요한 만큼 돈을 찍을 수 있어야 했으니까요.

하지만 대외 교역에 있어서는 어떻게 한 나라의 통화 가치를 믿을 수 있느냐는 문제가 남아 있었죠. 그래서 2차 세계대전 종전 직전에 미국의 브레턴우즈에서 서구의 많은 나라들이 모여 2차 세계대전 이후의 새로운 통화 질서를 논의했습니다. 거기서 달러를 기축통화로 삼고 금 1온스당 35달러의 고정 가격에 달러와 금을 교환할 수 있게 만들었어요. 그리고 다른 나라의 화폐는 달러와 고정환율제로 가기로 결정해요. 이것이 2차 세계대전 이후 국제 화폐 질서인 브레턴우즈 체제입니다.

달러가 금에 묶여 있는 상황에서 미국은 다른 나라 사람들이 달러를 가지고 와서 금으로 바꿔 달라고 하면 바꿔줘야 했죠. 그런데 1960년대부터 미국에서 금이 많이 부족해졌습니다. 당시 미국은 베트남전도 치러야 했고요. 존슨 대통령이 가난과 인종 차별이 없는 '위대한 사회Great Society'를 만든다고 정부 돈도 많이 썼거든요.

그렇게 국제수지가 흑자에서 적자로 돌아서게 되자 미국에는 다른 나라들에 바꿔줄 수 있는 금이 부족해졌어요. 특히 미국과 대립각을 세웠던 프랑스 같은 나라는 아주 적극적으로 미국에서 금을 빼서 프랑스로 가져가기도 했습니다. 그래서 미국 입장에서는 금과 달러의 족쇄를 풀어낼 필요가 있었고 그것이 닉슨의 금태환 중지 선언이었지요. 이제 돈이 맘대로 찍히는 세상이 된 겁니다.

그 결과가 1970년대에 시작해 1980년대 초까지 이어졌던 '대인플레이션 Great Inflation'인가요? 그때 어떤 변화가 있었나요?

물가가 올라가는 현상을 설명하는 견해에는 두 가지가 있습니다. 먼저 인플레이션을 실물적 현상으로 보는 견해가 있어요. 경기가 좋아서 사람들이 물건을 많이 사니까 물건 가격이 올라 인플레이션이 나타난다는 입장입니다. 두 번째는 중앙은행이 방만하게 돈을 많이 풀어서 돈의 상대적 가치가 떨어져 물가가 올라간다는 견해입니다.

그런데 1970년대는 불경기였거든요. 아마 다들 1973년과 1979년 두 차례에 걸쳐 오일쇼크oil shock(석유파동)가 있었던 걸 알고 있을 겁니다. 또 당시 금본위제 폐지로 달러 가치는 하락한 상태다 보니 수입품은 비싸게 사오고 수출품은 싸게 파는 상황이었죠. 이러니 기업들은 비용 절감을 위해 노동자를 해고해야 했고, 실업이 증가하면서 불황이 찾아왔어요. 이처럼 불황에도 물가가 상승하는 걸 스태그플레이션stagflation이라고 하는데 이는 첫 번째 견해로는 도저히 설명이 되지 않습니다. 자연스럽게 두 번째 견해가 힘을 얻게 되었죠.

그 결과 경제학 쪽에서는 1960, 1970년대에 정부가 너무 방만하게 돈을 쓰고 중앙은행이 너무 많이 돈을 풀어서 인플레이션이 생겼다고 주장하는 통화주의자들이 지적 헤게모니를 잡았고요. 작은 정부와 규제 완화를 지향하는 정치적 보수주의도 이때부터 목소리가 커지기 시작해요.

이런 배경이 있었기 때문에 당시 연준 의장인 폴 볼커Paul Volcker는가 기준 금리를 20퍼센트까지 올리는 아주 강력한 긴축 정책을 쓸 수 있었던 겁니다. 금리가 너무 높아 기업이 파산하고 실업률이 치솟아도 볼커는 인플레이션을 막는 데만 집중했어요. 그 때문에 살해 위협을 받기도 했지만 달러 가치를 확실히 안정시켰지요.

그때와 비교하면 2008년 금융 위기 이후 그리고 2020년 코로나 이후 연준의 역할이 근본적으로 달라진 것 같은데요. 이제는 경제를 살리려는 목적으로 중앙은행이 나서서 돈을 뿌리잖아요.

저는 이 두 사건을 계기로 해서 시장보다는 정부와 중앙은행의 역할이 굉장히 커졌다고 평가하고 싶습니다.

전통적으로 중앙은행은 금리 조절을 통해 유동성을 공급하거나 거둬들입니다. 참고로 미국 연준의 기준 금리는 만기 하루짜리 채권 금리고요. 우리나라 한국은행이 정하는 기준 금리는 만기가 7일짜리 채권 금리입니다. 이런 단기금리는 본질적으로 중앙은행이 통제할 수 있는 금리라서 변동 위험이 낮아요. 하루나 일주일 만에 국가가 파산할 확률은 매우 적으니까요. 한편, 만기가 10년짜리 채권의 금리를 중앙은행이 책임질 수 있을까요? 미국 연준 의장의 임기는 4년이고 한국은행 총재 임기도 4년이에요. 그러니 원래 이 10년짜리 채권의 금리는 중앙은행이 아니라 시장에 의해 결정되었던 겁니다.

그런데 금융 위기와 코로나 사태 때 중앙은행이 만기가 긴 장기 채권을 사기 시작했어요. 이는 시장이 결정하는 장기금리의 영역이 중앙은행이 결정하는 시스템 안으로 들어왔다는 의미입니다. 게다가 이번에 코로나 팬데믹 국면에서는 사실상 질적 완화라고 해서 중앙은행이 기업 어음을 매입하는 일도 있었는데요. 이건 자본주의 경제에서 굉장한 파격이에요. 경쟁해서 이기는 사람이 돈을 더 많이 번다는 게임의 법칙에 반해 돈을 마음대로 찍을 수 있는 권한을 가진 중앙은행이 특정 주체에게 돈을 주는 행위니까요.

중앙은행이 심판이 아닌 선수로서 게임을 뛰게 된 것이군요. 앞으로 어떤 변화들이 있을까요?

먼저 지금 돈이 얼마나 많이 풀려 있냐면요. 우리나라의 경우 2000년에 명목 GDP가 650조 원이고 총통화M2가 690조 원이었는데요. 글로벌 금융 위기가 있었던 2008년 말 명목 GDP는 1100조 원인데 반해 총통화는 한 1300조 원으로 더 많았어요. 그러다 2020년 말을 보면, 명목 GDP는 1900조 원이고 총통화는 3200조 원입니다. 경제가 커가는 것보다 돈을 더 많이 푼 거죠. 그리고 그 차이는 점점 벌어지고 있어요. 실물경제가 정체된 가운데 자산 시장만 호황을 누려온 겁니다.

특히 앞으로 불평등이 아주 큰 이슈가 될 거예요. 혹자는 코로나 이후 주식에 개인 투자자들이 많이 들어왔으니까 자산 가격 상승이 꼭 부자들의 배만 부풀려주는 건 아니라고 생각할지도 모르겠어요. 하지만 5000만 인구 중 주식 하는 사람은 900만이에요. 이것도 주식 계좌 만든 사람은 모두 주식을 한다는 가정 아래서요. 즉 기본적으로 주식을 안 하는 사람들이 훨씬 많기 때문에 주식시장 호황이 모두에게 혜택을 준다는 말은 조금 무리가 있어요. 게다가 경제활동인구(만 15세 이상 인구 중 노동을 제공할 의사와 능력이 있는 사람의 수)는 3500만인데 지금 불황이다 보니 이들이 모두 일을 할 수 있는 건 아니거든요. 노동시장에 진입하는 것도 어려워, 임금이 잘 올라가는 것도 아니야, 이런 상황에서 자산 가격만 올라가면 불평등은 심화될 수밖에 없는 거죠.

게다가 중앙은행이 계속 유지해온 저금리는 가계의 부를 기업이나 정부로 넘기는 효과를 가져옵니다. 우리나라 가계 부채가 2000조 원 정도 되니까 금리가 낮은 게 좋은 것 아니냐고 생각할 수도 있지만 우리나라 가계 금융자산은 4500조 원이에요. 즉 저금리가 계속되면 가계소득이 줄어듭니다.

이처럼 실물경제가 안 좋고 불평등이 심화된 상황에서는 유동성을 줄일 수조차 없습니다. 이 과정에서 오히려 취약 계층이 위기를 겪을 수도 있기 때문입니다. 따라서 결국 마지막 대안은 증세가 아닐까 싶습니다. 시장에서 자원 배분을 못 하면 정부가 직접 나설 수밖에 없으니까요. 정부가 시장만으로는 안 되는 큰 계획을 최종적으로 세워야 하는 거죠.

중앙은행은 기본적으로 돈이 흘러갈 방향을 결정해주지 않아요. 그러다 보니 자산 시장으로 돈이 많이 흘러가서 버블이 생겨도 이를 제재하지를 못하죠. 그 돈을 실물경제 쪽으로 옮기는 걸 정부가 하는 거예요. 우리나라의 그린 뉴딜이나 바이든 행정부의 인프라 투자 같은 게 그런 노력의 일환입니다.

이번 양적 완화 이후 나타난 불평등과 자산 시장의 거품이라는 부작용을 해소하기 위해 정부의 역할이 다시 커질 것이란 말씀이시군요?

글로벌 금융 위기 이후 10여 년을 돌이켰을 때 시장이 가진 자원 배분의 기능은 약화되었다고 봅니다. 오죽하면 시장주의자들이 드글드글한 IMF에서도 정부에서 좀 개입하라는 이야기가 나와요.

큰 정부의 시대였던 1960년대에는 미국의 최고 소득세율이 90퍼센트를 넘었던 적도 있었습니다. 그 후로 세율은 계속 낮아져왔고요. 실제로 정부의 역할 증대와 그 과정에서의 증세의 움직임은 지금 전 세계적으로 나타나고 있는 현상입니다. 우리나라만 하더라도 논란이 많은 가운데 부동산에 대한 과세가 계속 강화되고 있고, 또 주식 시장에서는 2023년부터 양도 차익에 과세를 할 예정입니다. 그 과정에서 사회적 합의는 굉장히 중요한 사안이 될 겁니다.

또한 요새 화두인 ESGEnvironment·Social·Governance(환경·사회·지배 구조)가 있습니다. 이 개념은 환경을 고려하고, 직원을 비롯한 이해관계자들을 모두 감안하고, 지배 구조 같은 경영 활동 전반의 투명성 등을 제도적으로 바로잡아야 지속 가능한 발전을 할 수 있다는 의미인데요.

신자유주의의 대표 경제학자인 밀턴 프리드먼은 "기업의 경영자가 이익 말고 다른 사회적 공헌을 이야기하면 그 경영자를 해고시켜야 된다"라고까지 얘기했어요. 작은 정부 시대에 익숙한 시장의 논리였죠.

그런데 ESG는 그 반대잖아요. 시장의 자원 배분의 실패와 정부의 역할 증대 요구가 최근 ESG 열풍을 설명해주는 중요한 배경이라고 봅니다. 정부 입장에서는 시장과 기업 활동에 개입할 때 중요한 명분으로 이 개념을 활용할 수 있을 겁니다.

— 코로나 이후 경제적 약자들이 심각한 위기를 겪었다는 건 분명한 사실입니다. 실물경제의 장기 정체 속에서 자산 시장은 굉장히 호황을 누렸거든요. 문제는 전 세계적으로 실물경제가 회복되지 않은 상황에서 어느 용기 있는 중앙은행이 유동성을 줄일지 생각해보면 그 결정은 참으로 쉽지 않은 일이 될 거라고 봅니다.

그레이트 리셋은
가능한가

장민 한국금융연구원 선임연구위원

국내외 금융 제도와 정책 전반에 대한 연구 및 분석을 통해 금융 산업의 발전과 금융 정책 수립에 기여하고 있는 금융 전문가다. 1990년 한국은행에 입행한 후 조사국에서 통화분석팀 과장과 조사총괄팀 차장을 거쳤으며 뉴욕사무소 워싱턴 주재원을 지냈다. 2015년 2월에는 조사국장으로 임명돼 성장률과 물가 전망을 담당했다. 미시간주립대학교에서 경제학 박사 학위를 받았다.

미국 연준에서 코로나로 마비된 경제를 살리겠다고 근 2년간 어마어마한 돈을 풀었어요. 이렇게 연준에서 돈을 풀면 우리 경제에는 어떤 변화가 생기나요?

미국이 돈을 풀게 되면 미국의 시장 금리가 낮아지게 되겠죠? 그러면 먼저 미국에 투자돼 있던 돈들은 좀 더 높은 금리를 찾아서 이동하게 됩니다. 가령 우리나라가 더 높은 금리를 지불하면, 우리나라로 달러가 들어오는 유인이 생기는 겁니다. 그렇게 들어온 달러를 우리는 결국 원화로 바꿔줘야 하거든요. 가만히 있어도 돈이 풀리는 거죠.

그리고 미국의 달러화는 약세가 되고 돈이 들어오는 우리나라의 원화는 강세가 되기 때문에 원/달러 환율이 낮아집니다. 이렇게 되면 세계 시장에서 미국 기업의 제품은 상대적으로 싸지는 반면 우리나라 제품은 반대로 비싸져요. 다시 말해, 미국 기업의 수출 경쟁력은 좋아지고 우리나라 기업은 낮아지게 되는 결과가 초래되는 거죠. 그럼 우리나라 정책 당국 입장에서도 금리를 낮춰서 기업의 수출 경쟁력을 유지하려 할 거고요. 그 결과 우리도 금리가 낮아지겠죠.

금리가 낮아지면 어떤 문제가 생기나요?

저금리는 대체로 자산가들에게는 유리한 쪽으로 흘러갑니다. 주식과 부동산의 자산 시장에서의 버블이 커져가면서 소득의 상위층은 그만큼 더 큰돈을 벌게 되니까요. 저금리로 대량의 돈을 대출해서,

즉 빚을 투자 수단으로 활용해 더욱 많은 수익을 창출하는 겁니다. 기업들이나 자본가들은 낮은 금리로 돈을 빌려 훨씬 더 싼값에 인공지능이나 디지털 기기에 투자할 수 있을 거고요. 이런 움직임은 결국 노동의 수요를 그만큼 줄이는 결과를 초래합니다.

반면 취약 계층이나 저소득층에게 빚은 생계의 수단이기 때문에 수익을 낼 수가 없습니다. 당장 쌀 사고 월세 내는 데 쓰려고 빌린 돈이니까요. 특히 그중에서도 신용이 안 좋은 경우 저금리 시대에도 여전히 높은 금리를 적용받고, 또 그마저도 자격이 제한되는 경우가 있습니다. 부실 가능성이 높은 만큼 상대적으로 더 높은 금리를 요구할 수밖에 없는 것이 금융시장의 원리니까요. 결국 계층 간 격차는 더 벌어질 수밖에 없습니다. 경제적 불평등은 더욱 커질 테고요.

이 때문에 코로나19로 인한 경제 위기는 과거의 경제 위기와는 확실히 다릅니다. 그중의 하나가 회복의 양상이죠. 소위 'K자 회복'이라고 하는데, 자본가나 대기업 종사자와 같이 소득이 높은 사람들은 빠르게 경기를 회복하고 있지만, 자영업자나 중소기업, 서비스업 노동자의 경우 계속해서 불황을 겪고 있는 것이죠. 이런 저금리 기조가 계속 이어진다면 그 격차는 더욱 커질 것입니다. 오늘날 저금리나 양적 완화와 같은 통화정책이 양극화를 유발한다는 비판과 함께 이를 보완하는 정책들의 필요성이 제기되는 이유입니다.

저성장·저금리가 뉴노멀New-Normal, 즉 새로운 정상 상태라는 전망에 대해선 어떻게 보세요?

저금리가 정상 상태냐 아니냐가 중요한 게 아니라 저금리를 했는데도 경제가 성장을 못 하고 있는 상황이 문제입니다. 현재는 글로벌 금융 위기 이후부터 계속된 저금리에도 실물경제가 여전히 부진하다 보니 금리를 낮게 유지할 수밖에 없는 상황인데요. 만일 어느 순간에 많은 유동성과 저금리로 실물 투자가 활발해지고 소비가 늘어난다면 금리도 올라오겠죠. 그래서 저성장·저금리가 계속 갈 거라고 단정하기는 어렵고요. 이 저금리를 활용해서 이제 얼마나 투자와 소비가 일어나고 경제가 성장할 것인가를 더 지켜봐야 되겠죠.

현재 전 세계는 2008년부터 유동성에 중독된 상태입니다. 유동성을 거둬들였을 때 연쇄적으로 일어나는 위험한 상황을 피하기 위해 유동성으로 막고 있는 것이죠. 이런 중독이 계속되면 경제의 효율성은 굉장히 낮아질 수밖에 없습니다. 건실한 기업이나 가계는 오히려 불이익을 받을 수도 있어요.

문제는 중독이 너무 심할 경우 정상화시키는 것이 굉장히 어렵다는 것입니다. 정상화를 위해 금리를 인상하고 유동성을 회수해야 하지만 이로 인한 부작용도 만만치 않습니다. 그 속도를 어떻게 조절하고 잘 대응할 것인가가 앞으로 우리가 해결해야 할 큰 과제가 될 것입니다. 정치적으로도, 경제적으로도 결단력이 있어야겠죠.

바이든 행정부가 여러 경기 부양책들을 내세우면서 유동성은 더욱 커질 것으로 보입니다. 하지만 자금 공급만으로 경기가 살아나지 않는다는 것은 많은 역사에서 확인했던 사실이죠. 그것이 마중물의 역할을 해서 실물경제를 끌어올릴 수는 있겠지만, 회복의 새로운 돌파구가 보이지 않는 상태에서 자금의 공급을 늘리는 것만으로는 소용이 없습니다. 오히려 자산 시장으로 더 많은 자금이 흘러들어 실물경제와의 괴리는 더욱 커질 것입니다. 경기 침체를 막을 수는 있겠지만 경기 회복의 열쇠라 단정할 수는 없는 거죠. 특히 지금과 같은 보건 위기 상황에서는 백신의 보급 효과가 상당한 관건이 될 것입니다.

돈을 푸는 것이 근본적인 해결책이 될 수 없다는 것이군요. 이런 사례가 과거에도 있었나요?

양적 완화만으로 경기 회복에 실패한 사례는 아주 가깝게 있습니다. 일본은 아베노믹스Abenomics로 불리는 경기 부양책을 내놓았지만 구조 개혁의 실패로 끝내 효과를 거두지 못했습니다. 양적 완화로도 살아나지 못한 경제에 실업자까지 양산하는 정책을 펼치기에는 정치적으로도 쉽지 않았겠죠. 일본이 사실상 양적 완화의 원조라고 할 만큼 2001년부터 20여 년간 상당히 많은 엔화를 발행해 공급했음에도, 충분한 효과를 거둬들이지 못한 이유라고도 할 수 있습니다.

현재 일본의 경제는 저물가에 성장률 또한 마이너스인 디플레이션 상태인데요. 여기에 저출산·고령화 문제 또한 심각하죠. 구조 개혁을 단행하지 못한 채 양적 완화만 계속하다 보니 '좀비 기업'을 비롯한 비우량 기업들이 제로 금리를 악용해 오히려 경제의 효율성을 떨어뜨리고 있고요. 경기를 끌어올리기 위해 마이너스 금리*까지 시행하고 아무리 돈을 시중에 풀어도 돈이 실물경제로 가지 않고 결국에는 다시 중앙은행으로 돌아오는 상황이 반복되고 있습니다.

이는 비단 일본만의 문제는 아닙니다. 현재 세계경제 또한 구조개혁이나 기타 경제의 체질을 변화시키려는 근본적인 노력이 필요합니다. 양적 완화만으로는 실물경제가 나아질 수 없어요. 오히려 부채나 자산 가격의 버블 등 여러 문제들이 생길 수 있죠. 오늘날 통화정책의 유용성 문제가 제기되는 것도 모두 이런 이유 때문입니다. 금리 인하나 양적 완화만으로는 경기가 나아지지 않으니, 미국의 경우 통화정책이 재정 정책의 성격을 띠게 된 거고요.

"밀물이 썰물로 바뀔 때 비로소 누가 수영복을 안 입었는지 알 수 있다." 세계적인 투자가 워런 버핏Warren Buffett의 이 말처럼, 지금처럼 유동성이 목까지 차 있는 상태에서는 경제의 실체를 확인하기 어렵습니다. 결국 연준이 양적 완화로 기대하는 이상적인 상황은 이를 기반으로 가계나 기업이 기반을 강화해 실물경제가 회복되는 것이

---

* 중앙은행이 기준 금리를 0퍼센트 이하로 내리는 것을 말한다. 마이너스 금리가 시행되면 시중은행은 중앙은행에 돈을 맡길 때 보관료를 내야 한다. 시중은행이 민간 대출을 통해 시장에 돈을 풀게끔 유도하는 정책이다.

겠죠. 많은 유동성과 저금리로 실물 투자가 활발해지고, 이것이 소비를 촉진시킨다면 경제도 성장하고 이에 따라 금리도 오르는 모습으로 갈 거예요. 하지만 모두가 수영복을 입고 있을 이상적인 시기가 언제일지는 아직 아무도 모릅니다. 그때를 기다리며 지금의 상황을 계속해서 유지하고 있을 뿐이죠.

기준 금리가 제로에 가까운데도 불구하고 최근 미국의 장기금리가 상승하면서 많은 분들이 불안해했어요. 그 이유는 무엇인가요?

최근 미국의 장기금리가 올라가는 이유는 두 가지로 설명할 수 있어요. 먼저 미래의 경기 상황과 물가 상승에 대한 기대가 작용했어요. 작년에 워낙 경기가 안 좋았던 데다가 올해 전 세계적으로 각국 정부에서 대규모 부양책을 계획 또는 실시하고 있기 때문에 성장률이 좀 더 올라갈 것 같거든요. 여기에 더해 풍부한 유동성 때문에 물가가 올라갈 거라고 예상하는 것이 합리적으로 보여요. 이런 여러 가지 기대 심리가 반영되어 장기금리가 올라간 거죠.

두 번째로는 채권시장의 수급이 영향을 미쳐요. 나라에서 경기부양책을 실시하려면 돈이 필요할 거 아니에요. 그런데 경제가 어려워 세금을 늘릴 수는 없으니 국채를 발행해서 민간에서 돈을 빌려오려고 할 거예요. 그런데 지금 미국에서 발표한 경기 부양책이라는게 정말 대규모거든요. 그만큼 앞으로 국채가 많이 발행된다는 의미고요. 그러면 국채 가격은 떨어지고 국채 금리는 높아지겠죠. 금리가 높아져야 사람들이 매력을 느끼고 구입할 테니까요. 이 두 가지 측면에서 장기금리가 올라갈 수밖에 없는 겁니다.

언젠가 경제가 좋아지거나 버블 문제가 심각해지면 미국이 돈을 다시 거둬들일 텐데요. 말씀하신 대로라면 미국이 금리를 올리면 우리도 큰 영향을 받을 것 같거든요. 특히 부채 문제가 심각한데 어떤 위기가 올 수 있을까요?

작년에 가계 부채가 굉장히 빨리 증가하더니 이제 GDP 대비 가계 부채 비율이 거의 100퍼센트 수준까지 올라왔거든요. 그런데도 가계가 버틸 수 있는 이유는 금리가 낮기 때문이에요. 과거에 부채는 작았지만 금리가 높았을 때랑 비교하면 원리금 상환 부담이 별 차이가 없는 거죠. 하지만 코로나19 사태로 인해 기업도 망하고 자영업자도 망하고 사람들은 실직하고 일자리는 줄어들고 자동화로 전환하는 비율은 늘어났죠. 그러다 보니 채무를 상환할 수 있는 능력은 굉장히 안 좋아졌어요. 이런 상황에서 금리가 올라가기 시작하면 부채의 문제가 빠르게 확대될 수 있습니다.

　어떤 사람들은 우리나라 부채 문제가 굉장히 심각하므로 미국이 금리를 올려도 우리는 금리를 안 올릴 것이라고 이야기하는데요. 이 말에 저는 전혀 동의하지 않습니다. 이말은 폭탄을 계속 뒤로 미루겠다는 것인데 무한정 안 올릴 수는 없거든요. 물론 미국이 금리를 올린다고 해서 한국도 꼭 금리를 올려야 한다는 법은 어디에도 없습니다. 통화정책은 다 각 나라의 사정에 따라 하는 거죠. 다만 현재의 달러 시스템 아래서는 미국의 중앙은행이 전 세계의 중앙은행 역할도 하고 있기 때문에 완전히 영향을 받지 않을 순 없어요.

예를 들어 미국에서 금리를 올리면 투자자들은 돈을 빼서 안전하고 수익성 높은 미국 국채나 예금에 투자하려고 할 테죠. 그 과정에서 우리나라 같은 나라의 외화는 줄어들 거고요. 그러니 부채 문제 때문에 단기적으로는 금리를 안 올릴 수 있다 쳐도 외환시장에서의 균형을 맞추기 위해 중장기적으로는 금리를 조정할 거예요.

혹시 인플레이션이 나타날 가능성에 대해서는 어떻게 보세요?

인플레이션이 나타날 가능성은 물론 있죠. 현재는 팬데믹 때문에 중국 공장이 가동을 멈추고 수출입이 제때 일어나지 않아 회사가 경영난에 시달리다 망하는 일이 많아요. 이처럼 공급 측 생산 활동이 원활하지 않다 보니 경제가 회복 국면에 접어들었을 때 사람들 소비가 늘어나면 일시적으로 수요가 공급보다 더 많아서 인플레이션이 나타날 수 있습니다. 작년에 유가나 원자재 가격이 매우 낮은 상황이었는데, 지금 급속도로 비용이 오르고 있기도 하고요.

그렇지만 장기적으로 인플레이션이 생기려면 노동시장에서 임금이 올라가야 하거든요. 그런데 지금 전 세계 노동시장의 여건을 봤을 때 당장 그러기는 쉽지 않을 것 같아요. 그래서 단기적으로 수요와 공급의 불일치에 따른 인플레이션이 생길 수 있겠지만 장기 추세로서 인플레이션이 온다고 하기에는 좀 시기상조라고 생각합니다.

돈을 푸는 만큼 경제 성장이 일어나면 좋을 텐데요. 이렇게 위기를 돈을 찍어 모면하다가 언젠가 한꺼번에 경제가 무너지진 않을까 불안해집니다. 이런 상황을 인류가 한 번도 가보지 못한 길이라고 말하는 전문가도 많습니다. 앞으로 우리는 무엇을 대비해야 할까요?

그래서 오늘날 코로나19의 경험을 기반으로 사회경제적인 방향을 새롭게 설정해보자는 '그레이트 리셋Great Reset' 개념이 등장했습니다. 사실 이런 움직임은 2008년 글로벌 금융 위기 이후부터 나타났다고 보는데요. 당시 경제의 양극화와 금융기관의 부도덕성에 대항해 발생한 월가 시위, 자본주의와 신자유주의에 대한 반성 등은 자본주의를 조금 더 좋은 쪽으로 끌고 가기 위한 움직임들이었습니다. 하지만 그 과정에서 코로나19 사태가 터지면서 경제 양극화 문제가 더욱 부각됐고, 기후변화 등의 환경 위기도 나타났죠.

사실 2019년은 양적 완화로 풀린 10년간의 유동성을 통해 경기가 회복되려던 시점이었습니다. 연준이 양적 완화를 축소하려는 움직임 또한 있었죠. 하지만 코로나19가 발생하면서 다시 대규모의 양적 완화가 이뤄지고 만 겁니다. 따라서 코로나19를 극복하고 경기가 어느 정도 회복된다면 유동성을 거둬들이는 노력이 필요한 거죠. 그런 의미에서 오늘날에는 조금 더 포용적인 경제 시스템이나 제도 같은 지속 가능한 방법이 논의되고 있습니다.

돈이란 결국 피와 같습니다. 피가 돌아야 생명이 유지되듯 경제가 신체라면 경제를 돌리고 살리는 역할을 하는 건 돈이니까요. 적절한 곳에 도달해 건강을 유지할 수 있도록 하는 건 피의 역할인 것처럼 필요한 곳에서 소비나 투자를 위해 사용되는 것이 돈의 역할이죠. 그런 만큼 돈은 잘못된 방향으로 사용됐을 경우 예상치 못한 큰 부작용을 야기합니다. 경제를 유지하는 데 없어서는 안 되는 존재인 만큼 효율적으로 활용하는 방법 또한 고민해야 할 것입니다.

— 모든 사람의 가슴 속에는 '뭔가 불안하다' '이게 맞나?' 같은 생각이 있고요. 어느 순간에는 '혹시 이게 폭탄 돌리기 아닐까?' 하고 의심하게 되거든요. 그런 상황에서는 사회경제적으로 아주 조그마한 사건이라도 투자 심리를 굉장히 급격하게 위축시킬 수 있고 올라가던 가격의 움직임을 한순간에 멈추게 할 수 있습니다. 그러면 자산 가격의 급락으로 가는 거예요. 과거에 있었던 수많은 버블 붕괴가 이런 식으로 일어났어요.

PART 4

세계를 움직이는
달러의 힘

금본위제의
시작과 끝

#달러

#기축통화

#브레턴우즈체제

#닉슨쇼크

미국은 경제 위기와

안보 위기가 닥칠 때마다

달러의 힘을 빌려왔습니다.

달러는

때로는 전쟁 비용을 마련하기 위해,

때로는 금이 간 금융기관의 신뢰를 보전하기 위해 필요했습니다.

2차 세계대전이 끝나면서
세계 유일의 패권 국가로 등장한 미국.

막대한 군사력과 경제력으로
금 1온스를 35달러에 교환하도록 묶고
다른 통화는 달러에 환율을 고정함으로써
달러를 국제무역의 기본이 되는
기축통화로 만들어냈습니다.

이것이 바로 1944년 7월

44개 연합국 대표들이 체결한

브레턴우즈 체제입니다.

이때부터 미국은 금본위제에 따라

금 보유량에 한해 달러를 발행할 수 있었습니다.

달러가 오늘날의 지위를 얻게 된 출발점이었죠.

하지만 1960년대부터 미국은
보유하고 있는 금보다 더 많은 달러를 발행하기 시작합니다.

한국전쟁과 베트남전쟁,
두 개의 전쟁을 치르느라 많은 돈이 필요했기 때문입니다.

결정적인 타격은
1960년대 말에 벌어진 베트남전쟁이었죠.
미국은 태평양전쟁의 몇 배에 달하는
엄청난 전비를 쏟아부었지만 결국 패하고 맙니다.

— 윤석천 경제평론가

미국의 재정은 베트남전쟁에 본격적으로 개입한
1964년부터 악화되기 시작합니다.

씀씀이가 커진 미국의 행동을
수상하게 여긴 주변국들은
의심의 눈초리를 보내기 시작합니다.

달러 발행량을 제한하겠다는
미국의 약속을 더 이상 믿을 수 없다고 생각한 나라들은
급기야 미국을 상대로 달러를 금으로 바꿔달라며
금 인출 소동을 벌입니다.

프랑스에 이어 영국마저
엄청난 돈을 금으로 바꿔달라고 요구하자
닉슨 대통령은 마침내 폭탄선언을 합니다.
닉슨 쇼크라 불리는 금과 달러의 교환 중지 선언입니다.

재무장관에게 달러화를 금이나 다른 예비 자산으로
전환하는 것을 일시 중단하라고 지시했습니다.
다만 통화 안정과 미국의 이익을 위해
필요한 금액과 상황은 제외하고 말입니다.

— 1971년 8월 15일 리처드 닉슨 전 미국 대통령

이때부터 미국은 금 보유량과 상관없이
달러를 마음껏 발행했습니다.

인쇄하는 만큼 돈이 생겼습니다.
이후 달러는 오로지 미국의 신용만을 담보로 하게 됐습니다.

이제는 금이 아니라
미국 정부가 보증하는 종이,
달러를 믿어야 하는 시대가 도래했습니다.

인플레이션과의
전쟁

#페트로달러

#폴볼커

#인플레이션파이터

#신용화폐시스템

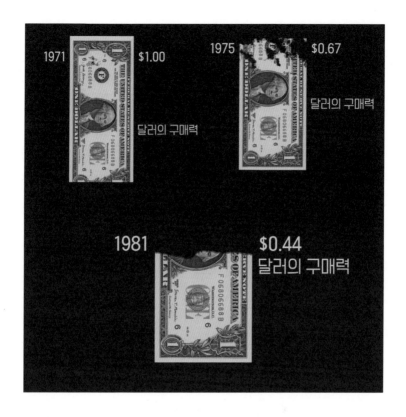

화폐는 너무 많이 찍혀 나오면

그 가치가 떨어질 수밖에 없습니다.

닉슨 대통령이 금태환 중지를 선언한 후

1달러의 구매력은 점점 낮아져 10년이 지난

1981년에는 절반 이하인 0.44달러 수준에 불과해집니다.

그러자 당시 미국 국무장관 헨리 키신저는
새로운 달러를 발명해냈습니다.

미국이 사우디 왕가를 보호해주는 대가로
사우디의 석유를 달러로만 결제할 수 있는
군사 및 경제 협정을 체결한 것입니다.

1974년 7월,
오직 달러로만 석유를 결제할 수 있는
페트로달러petro-dollar 체제가 마련됩니다.

20세기 석유의 시대,
신흥국은 경제성장을 위해 석유가 필요했고
석유를 사기 위해선 반드시 달러가 필요했습니다.

키신저의 묘수는 달러의 가치를 지키고
기축통화의 지위를 유지하기에 충분했습니다.

닉슨 대통령(왼쪽)과 파이살 사우디아라비아 국왕(오른쪽)

이제 달러는 모든 국가가 사용해야 하는
세계의 돈이 되었습니다.
달러가 세상을 움직이는
새로운 게임의 법칙도 생겼죠.

가장 큰 변화는
미국이 재화를 거래하는 방법입니다.

미국은 달러를 지불하고
신흥국으로부터 상품을 사옵니다.

팬데믹 머니

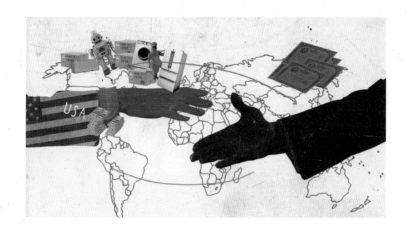

신흥국은 수출 경쟁에서 얻은 달러로
기축통화 지위에 있는 안전한 미국의 국채를 사들입니다.
이 과정에서 달러는 다시 미국으로 건너갑니다.

그 결과 미국에는 상품도 남고, 썼던 달러도 되돌아왔습니다.
오직 미국의 달러만이 할 수 있는 마법 같은 일입니다.

　미국이 생산하는 건 별로 없이
　얼마든지 남의 나라 물건을 사다가 쓸 수 있는 건
　달러라는 가장 놀라운 수출품 또는 발명품 덕분입니다.

— 박종훈 KBS 경제전문기자

SORRY

DUE TO
ALLOCATION
WE CAN SERVE
NO MORE
GASOLINE
TODAY

한편 1973~1974년,
그리고 1978~1980년에 걸쳐 일어난 석유파동은
국제 석유 가격의 상승으로
전 세계에 물가 급등을 비롯한
경제적 혼란과 침체를 가져왔습니다.

미국의 경우 연평균 소비자물가 상승률이
14퍼센트까지 올라갔습니다.
한국도 예외는 아니었습니다.
당시 물가 상승률은 20퍼센트대를 웃돌았습니다.

서민들의 내 집 마련의 꿈도
멀어져갈 수밖에 없었습니다.
1978~1980년 집값은
한 달에 몇 백만 원이나 상승했습니다.

당시 1년 동안의 저축으로 모을 수 있는 돈은
기껏 100~200만 원 정도였습니다.

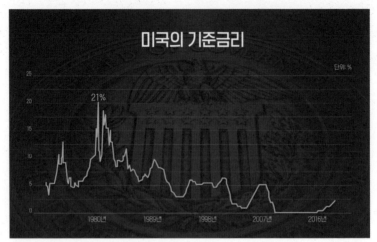

미국의 기준금리

21%

단위: %

1980년   1989년   1998년   2007년   2016년

출처: FED

인플레이션의 늪에 빠진 세계경제의 구원자는
당시 연준 의장 폴 볼커였습니다.

그는 1979년 연준 의장 취임 당시
11.2퍼센트였던 금리를 21퍼센트까지 올리며
물가를 잡는 데 성공했습니다.

하지만 그 후폭풍으로 실업률이 치솟았고
기업들은 줄줄이 도산했습니다.

당시 미국 중소기업의 40퍼센트 이상이
고금리의 부담을 견디지 못하고 망해버렸고
10명 중 1명꼴로 일자리를 잃었습니다.

사실 당시 금리 인상에는 물가 안정보다
달러의 신뢰 회복이라는 목적이 더욱 컸습니다.

달러가 세계의 신뢰를 얻기 위해서는
미국의 국내 경기 위축을 감수하고서라도
달러의 가치를 지키겠다는 의지를 보이는 게
굉장히 필요했어요.
그래서 수많은 기업들을 파산의 수렁으로 몰아넣고
대량의 실업을 발생시켜
사람들로부터 살해 위협을 받으면서도
금리를 살인적인 수준인 21퍼센트까지 인상한 거죠.

— 이하경 브이아이자산운용 글로벌사업본부장

인플레이션 파이터 폴 볼커.

그의 단호한 행동으로 시장의 믿음은 회복되기 시작했습니다.

그렇게 달러의 가치는 회복됐고

물가도 점차 안정적으로 제자리를 찾았죠.

이후 미국은 볼커가 올려놓은 금리 덕분에

위험한 상황마다 돈을 풀어 고비를 탈출할 수 있었습니다.

어떤 경제 위기도 극복해낼 수 있는

달러 중심의 신용화폐 시스템이 완성된 것입니다.

달러 패권은
언제까지 계속될까

#미중갈등

#화폐전쟁

#일대일로프로젝트

#디지털위안화

중국 일대일로 프로젝트 현황

러시아
네덜란드
독일
헝가리
이탈리아
터키
그리스
카자흐스탄
우즈베키스탄
키르기스스탄
타지키스탄
이스라엘
이란
파키스탄
중국
인도
베트남
라오스
캄보디아
케냐
스리랑카
말레이시아
인도네시아

출처: 미 전략국제문제연구소(CSIS)

달러의 절대 권력을 위협하는 변화가

오늘날 세계 여기저기에서 감지되고 있습니다.

중국 국가 주석 시진핑은

위안화 국제화를 추진하고 있습니다.

대규모 토목 공사인 일대일로—帶—路 프로젝트.

내륙과 해상의 실크로드 주변 60여 개 국가를 아우르는

경제권을 구축하는 것이 목표입니다.

중국은 세계 여러 나라들과 함께 실크로드 경제벨트와

21세기 해상 실크로드를 건설할 것입니다.

일대일로 프로젝트는 2030년까지

전 세계에서 760만 명을 극도의 빈곤에서

벗어나게 할 것입니다.

— 2021년 4월 20일 시진핑 중국 국가주석

2020년 중국과 일대일로 국가 간의

위안화 결제 금액 규모는 2조 7300억 위안,

한화로 약 508조 원에 달합니다.

같은 기간 국가 간 이뤄진 전체 결제 금액 중
위안화 결제가 13.9퍼센트나 차지했습니다.

중국은 위안화의 국제적 위상을 높여
달러 벗어나기를 시도하고 있습니다.

중국 위안화의 국제화는 대세입니다.
이는 단순히 중국이 원한다고 할 수 있는 게 아닙니다.
그만큼 조건과 환경이 마련되었다고 볼 수 있습니다.

— 류루이 중국 인민대 경제학원 부원장

중국은 1992년 자본주의 시장 요소를 본격 도입하고
연평균 10퍼센트의 놀라운 성장을 지속합니다.

2001년에는 세계무역기구WTO에 가입하며
세계경제의 전면에 등장했습니다.

> 이 합의는 미국에 큰 도움이 됩니다.
> 미국의 농업, 통신, 자동차 제품들이 중국 시장에
> 보다 잘 진출할 수 있게 될 겁니다.
> 하지만 중국은 미국의 새로운 시장에 진출하는 게 아니죠.
>
> — 빌 클린턴 전 미국 대통령

중국이 풍부한 노동력을 바탕으로 만든 값싼 물건 덕분에
세계의 인플레이션은 억제됐습니다.

최대의 생산 기지로서
중국은 차곡차곡 달러를 벌어들였습니다.

중국의 스마트폰 제조 공장

하지만 2008년 금융 위기 이후 세 차례의 양적 완화로
달러의 가치가 평가 절하되자 중국은 위기를 느낍니다.

이는 중국 외환 보유고의
약 70~80퍼센트에 해당하는 미국의 국채가
종잇장이 될 수도 있다는 의미였습니다.

미국 국채를 가장 많이 보유한 중국에게
달러의 가치 하락은 치명적인 위협이었습니다.

팬데믹 머니

중국에서는 비판의 목소리가 커졌습니다.

과거에는 금융기관들이 거품을 만들었는데
이번엔 미국이 만들고 있습니다.

— 양위 중국 CCTV 해설위원

미국은 국제 기축통화 발행국으로서
이 문제에 책임 있는 태도를 보여주기 바랍니다.

— 추이텐카이 전 중국 외교부 부부장

경제력을 키운 중국은

이제 달러의 지배력에서 벗어나려 합니다.

2018년,

상하이 국제에너지거래소에는

위안화 결제 원유 선물거래 시장이 열렸습니다.

이곳에서는 달러가 아닌 위안화로 석유를 결제합니다.

미국이 독점해온 페트로달러 시스템을 위협하는 움직임입니다.

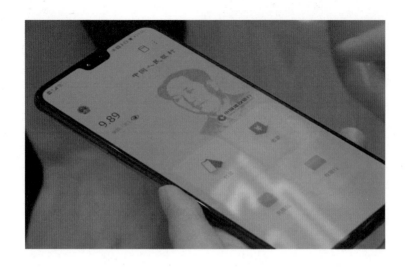

또한 중국은 세계 최초로
중앙은행이 발행하는 법정화폐를 디지털 형식으로 전환하고
전자 결제 기능을 결합한 디지털 위안화를 시험하고 있습니다.

국제무역에서도 위안화 결제가 가능하도록 함으로써
새로운 금융거래 네트워크를 구축하려는 야심이 엿보입니다.

달러의 통제력에서 벗어나기 위해
중국은 전방위적인 변화를 시도 중입니다.

여기에 미국의 국채 보유량도 점점 줄여나가
2020년에는 일본보다도 그 규모가 작아집니다.

달러를 수출해야 하는 미국으로서는
불편한 일이 아닐 수 없습니다.

> **중국은 세계를 선도하는 국가,
> 세계에서 가장 부유하고 강력한 국가가
> 되려는 목표를 가지고 있습니다.
> 하지만 내 눈앞에서 그런 일은 일어나지 않을 겁니다.**
>
> — 2021년 3월 25일 조 바이든 미국 대통령

하지만 빠르게 성장하는 중국의 기세는
만만치 않습니다.

코로나19 팬데믹과 함께 찾아온 격변의 시기,
전 세계는 지금 두 거인의 힘겨루기를
불안하게 지켜보고 있습니다.

INTERVIEW

오늘날 달러가 기축통화로 자연스럽게 받아들여지는 것과 달리, 달러가 금으로부터 독립해 독자적인 지위를 획득한 지는 50여 년밖에 되지 않았습니다. 그만큼 기축통화로서 달러의 지위가 아주 튼튼하다고 말하기는 어려운데요. 2008년 글로벌 금융 위기 이후 거듭된 양적 완화로 달러의 신뢰성에 의문을 제기하는 이들도 생겨났습니다. 과연 달러는 그 가치를 유지하는 데 성공할 수 있을까요? 아니면 가까운 시일 내에 중국의 위안화나 비트코인 같은 암호 화폐가 달러의 자리를 대신 차지하게 될까요?

달러 없는
세계가 온다

이하경 브이아이자산운용 글로벌사업본부장

20여 년간 금융업계에 종사하며 2000년 닷컴 버블, 2008년 글로벌 금융 위기 등 격변하는 시장의 한복판에서 경제 환경의 변화를 연구해온 투자 전문가다. 대우증권, 삼성생명, 삼성자산운용, 롯데손해보험 등 대형 증권사와 보험사, 자산운용사를 두루 거치며 투자의 성패를 결정하는 본질적 요소가 무엇인지 끊임없이 연구해왔다. 이화여자대학교에서 정치외교학 및 경영학, MIT 슬론경영대학원에서 MBA 학위를 받았다. 저서로는 『달러 없는 세계』가 있다.

오늘날 세계경제는 달러 없이 돌아가지 않는 구조잖아요. 언제부터 달러가 이렇게 기축통화로서의 지위를 인정받기 시작했나요?

달러가 기축통화가 되는 과정은 크게 네 단계로 나눠서 이해할 수 있어요. 브레턴우즈 체제의 성립, 닉슨 쇼크와 브레턴우즈 체제의 붕괴, 페트로달러의 탄생, 폴 볼커의 활약 순으로 설명해 볼게요.

먼저 2차 세계대전 종전 직전인 1944년, 연합국을 중심으로 브레턴우즈 체제가 성립되면서 영국의 파운드 대신 미국의 달러가 공식적인 기축통화가 되는데요. 브레턴우즈 체제는 금을 담보로 한 체제입니다. 즉 금본위제에 따라 금 1온스에 35달러를 고정시키고, 이외 통화들을 다시 달러에 고정시키는 고정환율제를 적용했죠. 미국은 금을 보유한 만큼만 달러를 발행할 수 있었고요.

이 시스템은 중심부인 미국이 달러를 발행해 주변부에 빌려주면, 주변부인 서유럽과 일본이 그 달러를 받아 미국의 수출품을 구입하고, 또 미국에 제품을 수출하기도 하면서 그 대가로 달러를 공급받는 순환 구조로 이루어져 있었습니다. 기본적으로 주변부가 성장해야 잘 유지될 수 있는 시스템이었죠. 하지만 1960년대에 이르러 서유럽과 일본이 일정 수준 성장을 이룬 후부터 무역 흑자로 잉여 달러가 축적되기 시작해요.

이런 상황에서 미국이 여러 복지 정책과 베트남전쟁 참전 등을 빌미로 계속해서 달러를 발행하니, 수출로 달러를 벌어들이는 주변부에서는 달러의 가치 하락을 우려하며 불만이 쌓일 수밖에 없었죠. 결국 주변부에서 미국에 달러를 금으로 교환해줄 것을 요구하자 1971년 닉슨 대통령은 금과 달러의 교환을 중지합니다. '닉슨 쇼크'라고 부르는 사건이죠.

당연히 달러에 대한 신뢰는 흔들리기 시작했어요. 거기에 4차 중동전쟁과 함께 유가가 대폭 인상되며 1973년 1차 석유파동이 발생했습니다. 미국은 대안을 마련할 필요가 있었어요. 이를 위해 주변부인 서유럽과 일본을 중심부로 흡수하고 새로운 주변부를 만들어나가는 방향을 모색했죠. 달러의 가치를 하락시키지 않고 달러를 공급하는 시스템을 만들겠다는 것이었습니다. 더 넓은 세계가 달러를 쓰도록 만들어 남아도는 달러를 처리할 수 있도록 말이죠. 서유럽과 일본은 반대할 이유가 전혀 없었습니다. 잉여 달러를 보유하고 있는 그들은 달러의 가치 하락을 원하지 않았을뿐더러 새로운 중심부에 포함되면 달러 시스템의 혜택도 누릴 수 있었으니까요. 사실 이것 외에 다른 선택의 여지가 없었다는 것이 더 정확하겠지만 말이죠.

그렇게 1973년 자본가 데이비드 록펠러David Rockefeller와 지정학자 즈비그뉴 브레진스키Zbigniew Brzezinski를 필두로 한 삼각위원회Trilateral Commission가 창설됩니다. 그리고 그 구성원은 미국 외교협의회The Council on Foreign Relations, CFR의 독점 자본가 세력이었죠. 1차 세계대전부터 나타났던 이들 신흥 세력은 전 세계가 자유무역주의를 받아들이길 원했습니다. 이미 포화 상태인 미국 시장을 넘어 새로운 해외시장으로 진출하고자 했거든요. 이들이 만든 브레턴우즈 체제가 삼각위원회까지 이어진 겁니다. 많은 불확실성 속에서 아무도 가보지 않은 길을 더듬어갔던 거죠.

그리고 1974년 당시 국무장관이었던 헨리 키신저Henry Kissinger는 사우디아라비아 국왕을 만나 군사 및 경제 협정을 체결합니다. 그 핵심은 미국이 무기와 안보를 제공해주는 대신 원유 결제를 달러로만 가능하도록 하는 것이었죠. 그렇게 페트로달러 체제가 마련됩니다. 이에 따라 주변부들은 잉여 달러를 산유국에서 원유를 사는 데 사용하고, 산유국은 이 달러를 받게 됐어요.

하지만 산유국에도 달러가 쌓여서는 안 됐죠. 산유국에 인플레이션이 발생하면 국내의 정치적 불안을 야기할 수 있으니까요. 이에 산유국의 잉여 달러를 내보낼 창구로서 중남미나 동아시아를 새로운 주변부로 구성합니다. 중국 역시 개혁 개방과 함께 달러 시스템의 주변부에 포함되었던 거죠. 하지만 이것만으로 달러의 가치가 저절로 유지되었던 것은 아닙니다. 이후 1979년 이란혁명으로 2차 석유파동이 발생해 달러에 대한 신뢰는 또다시 하락하거든요. 인플레이션으로 물가 또한 치솟았고요. 이 시기 금값은 무려 여덟 배나 상승합니다.

이런 상황을 역전하고 달러가 기축통화로서 제대로 자리를 잡게 된 계기는 당시 연준 의장으로 취임한 볼커의 역할이 상당히 컸습니다. 볼커는 1981년에 금리를 21퍼센트라는 살인적인 수준으로 인상했는데, 이것은 사실 단순히 물가를 안정시키기 위함을 넘어 달러의 신뢰 회복이라는 목적이 더욱 컸다고 봐야 합니다. 달러의 가치를 지키기 위해서는 이렇게도 할 수 있다는 선언이었죠.

금리 인상에 따라 미국 내 기업들은 무더기로 도산했고 실업률도 치솟았죠. 중남미 국가에 외채 위기도 발생합니다. 이 모든 것을 희생해서라도 달러가 더 이상은 하락하지 않을 것이라는 믿음을 시장에 주는 것이 지상 과제였던 거예요. 결국 물가와 금값 안정과 더불어 달러는 가치를 회복하는 데 성공합니다. 이로써 달러 기반의 신용화폐 시스템이 정착된 거죠.

미국이 지금처럼 돈을 마구 찍을 수 있는 건, 볼커가 달러의 가치를 지키기 위해서라면 뭐든 하겠구나 하는 믿음을 시장에 주었기 때문에 가능했군요.

그렇습니다. 이제 달러의 담보물은 금 대신 국채가 되었기 때문에 시장에서 달러의 가치를 믿어주기만 하면 미국 정부는 화폐를 발행하는 데 물리적 제약이 거의 없습니다. 이를 두고 저는 화수분 경제가 개막했다고 표현하는데요. 물건을 넣어두면 그 물건이 끝없이 계속 나오는 보물단지를 화수분이라고 하잖아요? 이처럼 화수분 경제 아래서는 필요하면 언제든 달러를 꺼내 쓸 수 있게 되었죠.

이 화수분의 경제가 본격적으로 전개된 것은 레이거노믹스 Reaganomics에 의해서였는데요. 이전까지의 시대에서는 총수요관리정책에 따라 수요의 증가를 공급력과 대조해 조정했지만, 레이거노믹스는 공급주의 경제학을 토대로 합니다. 즉 공급을 계속 늘리면 물가는 관리할 수 있다는 논리죠. 화폐는 필요하면 얼마든지 빠르게 공급해줄 수 있으니 갖다 쓰라는 겁니다.

이 달러 기반의 신용화폐 시스템이 가진 힘을 엿볼 수 있는 사건이 하나 있습니다. 1987년 10월 17일 주식시장의 대폭락, 이름하여 블랙 먼데이Black Monday가 일어나는데요. 그다음 날 연준 의장 앨런 그린스펀Alan Greenspan이 한 줄짜리 성명서를 발표합니다. 중앙은행은 필요하다면 언제든지 돈을 풀 준비가 되어 있다는 내용이었어요. 실제로 연준은 그날 금리 인하를 단행하는데요. 정말 마법처럼 전 세계적인 주가 급락 사태는 서서히 잦아들었습니다.

현 달러 시스템에 문제는 없나요?

달러는 기본적으로 신용, 즉 부채에 기반해 만들어집니다. 따라서 부채로 이익을 얻는 수혜자들이 그 부담 또한 공평하게 나눠서 져야 하죠. 하지만 현재의 달러 시스템은 이러한 부채의 이익과 부담의 공정한 배분에 실패했습니다. 그 결과 부의 불평등한 분배라는 시스템을 위협하는 문제가 발행했습니다. 그 격차는 크게 세대 간, 계층 간, 국가 간에서 나타납니다.

국채를 발행하면 미래의 국민들에게 부채를 갚아야 할 부담이 생깁니다. 그런데 현재 세대의 필요에 따라 화폐 발행을 증가시킨다면 혜택은 현재 세대가 누리지만 부담은 다음 세대가 지게 됩니다. 세대 간 불평등이 생겨나는 겁니다.

계층 간에도 불평등이 생깁니다. 저소득층은 정부가 지급하는 지원금을 전기료나 임대료 등 당장의 생활 자금으로 사용할 수밖에 없어요. 반면 고소득층에게는 대출의 통로가 훨씬 넓어졌죠. 그들은 손쉽게 돈을 마련해 주식시장에 투자하면서 더 큰돈을 법니다. 이런 빈부 격차의 심화는 이미 심각한 사회문제로 대두되고 있습니다.

이런 불평등은 국가 간에도 발생합니다. 달러가 계속해서 무제한 공급되면 달러 가치의 하락은 필연적으로 발생할 수밖에 없거든요. 하지만 미국 정부는 국채 발행으로 얻은 자금을 국민들에게 계속해서 뿌리고 있죠. 달러를 많이 보유하고 있는 주변부 입장에서는 이 상황을 속수무책으로 지켜볼 수밖에 없고요. 정리하면 수혜는 미국이 보는데, 부채의 부담은 달러 시스템의 주변부 국가들이 지게 되면서 부의 격차가 벌어집니다. 이건 굉장히 큰 본질적인 문제입니다. 결국 변형된 브레턴우즈 체제의 반복이라고 볼 수 있죠.

세대 간으로 보면, 미래 세대가 지금의 부채 부담을 지고 현재 세대가 수혜자가 되고요. 계층 간으로 보면, 저소득층이 부채를 부담하고 기득권층이 수혜를 얻습니다. 지정학적인 국가 간의 관계로 보면, 달러 시스템의 주변부가 부채 부담을 지고, 중심부가 혜택을 얻죠. 달러 시스템의 모순이 계속해서 쌓여갈 수밖에 없는 구조입니다. 이런 달러의 순환 시스템은 인플레이션의 수출이라고도 이야기할 수 있습니다. 미국 입장에서는 달러를 계속해서 발행하면 인플레이션이 일어날 수밖에 없습니다. 그러나 물가 상승은 미국이 아닌 다른 국가에서 발생하게 되죠.

달러가 인플레이션을 수출한다는 게 무슨 뜻인가요?

1990년대 후반 동아시아 외환 위기 이후에 동아시아의 주요 수출국들은 외환 보유고의 중요성을 절감할 수밖에 없었습니다. 주변부 국가들은 더 저렴한 상품과 서비스를 미국에 수출하기 위해 경쟁했고, 승리의 대가로 달러를 받아갔습니다. 그런데 당시 수출로 벌어들인 달러를 축적하는 데는 사실상 미국의 국채 외에 방법이 별로 없었습니다. 그 결과 수출국들끼리 경쟁적으로 국채에 투자하는 상황에서 미국 재무부는 아주 편하게 낮은 금리로 필요한 만큼 자금을 해외에서 조달할 수 있었습니다.

하지만 달러의 공급이 과다해지면 수출국 통화는 강세가 될 수밖에 없고, 그로 인해 수출 경쟁력이 낮아집니다. 수출국이 이런 상황에서 빠져나오려면 자국 통화 발행량을 증가시켜 통화 강세를 막아야 하는데, 이 과정에서 인플레이션이 발생하고 빈부 격차가 커질 수 있습니다. 반면 미국은 수입 물가가 낮으니 물가가 오르지 않죠. 결국 미국은 달러를 막대하게 발행하면서도 인플레이션은 억제할 수 있는 겁니다.

하지만 이런 구조가 계속 유지될 수 있는 건 아닙니다. 주변부 국가들이 경제 발전으로 부채를 갚고 자산을 쌓아가면 미국에도 문제가 생깁니다. 이들이 더 이상 주변부가 아닌 중심부에 가까워지면서 시스템을 더 이상 확장할 곳이 없어지는 거죠. 주변부 국가들이 채무 이행을 못 해도 달러 시스템은 위축되며 위기가 시작되고요. 이처럼 끊임없이 주변부 국가가 중심부 국가의 인플레이션을 수입해야 하는 달러 시스템 구조는 언젠가는 지정학적인 갈등으로 이어질 수밖에 없는 운명을 갖고 있습니다. 중국이나 러시아, 한국, 대만 같은 주변부 국가들의 발전 자체가 시스템의 안정을 위협한다는 것이 현재 나타나고 있는 지정학적 불안정의 근본적인 원인입니다.

저서 제목이 『달러 없는 세계』예요. 미국이 주도하는 국제통화 질서가 흔들리고 있다는 뜻 같은데 과연 새로운 질서로의 전환이 가능할까요?

미국이 주도하는 달러 중심의 국제통화 질서는 거대한 변화를 맞이하게 될 겁니다. 그 이유는 크게 두 가지인데요. 첫째, 달러의 신용을 부담해야 할 미래 세대의 불만이 커지면서 세대 간, 계층 간, 그리고 지역 간의 갈등이 계속해서 커지고 있는데 반해 현 시스템에서는 이를 해결할 돌파구가 딱히 보이지 않는다는 겁니다.

둘째, 달러를 순환시키기 위한 중심부와 주변부 간의 갈등은 시간이 갈수록 심화될 수밖에 없습니다. 과거처럼 주변부 역할을 순순히 맡아줄 국가를 찾기란 쉽지 않을 테니까요. 미국 또한 2008년 글로벌 금융 위기 이후 제조업 기반이 붕괴되고 불평등 문제가 심해지면서 해외로 나가 있던 제조업 시설들을 다시 본국으로 귀환하는 리쇼어링reshoring 정책을 추진했죠. 기축통화국인 미국이 제조업을 기반으로 수출을 시작할 경우 중심부 국가의 역할을 지속할 수 있을지 의문이 듭니다. 어쩌면 우리는 이미 변화의 시작을 보고 있는지도 모릅니다.

— 현재 달러 시스템에서는 경제주체들이 부채 부담을 매우 불공평하게 지는 모순을 갖고 있습니다. 세대 간으로 보면 미래 세대가 현재의 부채 부담을 안고 있고, 계층 간으로 보면 저소득층이 부채 부담을 지고 기득권층이 수혜를 받게 되는 구조예요. 마지막으로 지정학적인 국가 관계로 보면 달러 시스템의 주변부가 부채 부담을 갖고 중심부인 미국은 수혜를 받는 구조입니다. 달러 중심의 경제 질서는 거대한 변화를 맞이하게 될 것입니다.

미중
화폐 전쟁

안유화 성균관대학교 중국대학원 대우전임교수

한중 양국 간의 경제 협력에 관한 다양한 연구 및 분석을 수행하는 국내 최고 중국 경제 전문가다. 다수의 국가기관 및 기업에 자문을 담당하며 전문적인 조언을 아끼지 않고 있다. 다양한 방송과 유튜브 채널을 통해 중국의 경제를 비롯한 문화 전반에 대한 대중의 이해를 높이려고 노력하고 있다. 연변대학교에서 법학 석사 학위를 받은 후 동 대학교에서 교수로 재직하다 한국으로 건너와 고려대학교에서 경영학 박사 학위를 취득했다. 자본시장연구원 국제금융실 중국 담당 연구위원, 외교부 경제분과 정책자문위원, 국가지식재산위원회 전문위원을 지냈으며, 한국예탁결제원 객원연구원이다. 『중국발 세계 경제 위기가 시작됐다』『돈은 잠들지 않는다』를 감수했다.

중국에게 '위안화 국제화'는 왜 중요한가요?

화폐는 결제 수단, 물건의 가격 표기, 그리고 각국의 외환 보유고를 관리하는 투자자산의 기능을 합니다. 즉 결제통화, 표기통화, 보유통화라는 세 가지 기능을 갖고 있죠. 달러가 기축통화로서 역할을 할 수 있는 이유도 이와 같습니다. 전 세계 국가 간의 결제가 모두 달러로 이뤄지고요. 대부분의 상품들이 달러로 가격이 매겨져 있죠. 또 세계 대부분 국가들의 외환 보유고가 상당수 달러로 투자돼 있어요. 특히 석유 같은 중요 원자재가 달러로 가격이 매겨져 있기 때문에, 미국에서 달러를 풀거나 거둬들이면 원자재 가격이 함께 움직입니다. 이는 환율에도 영향을 주죠.

오늘날 중국과 미국은 기술 패권, 금융 패권, 그리고 군사 패권 등을 두고 글로벌 질서에서 치열하게 경쟁하고 있습니다. 중국은 제조업 분야에서는 미국과 겨룰 만큼 발전된 기술을 갖고 있지만, 원자재의 60퍼센트 이상은 수입에 의존해요. 위안화는 자국 내에서만 역할하기 때문에, 달러 발행량에 따라 원자재 가격 변동의 영향을 받을 수밖에 없죠.

이런 상황에서는 중국 정부가 아무리 거시경제 정책을 잘 관리해도 미국의 재정 정책과 통화정책에 따라 중국 내 물가와 외환 보유고의 가치가 함께 영향을 받을 수밖에 없습니다. 안정된 경제 발전을 하기 어렵다는 의미죠. 세계 최대 무역 국가인데도 결제가 모두 달러로 이뤄지기 때문에, 미국의 영향에서 벗어날 수 없는 수동적인 입장에 머물러 있는 겁니다 .

뿐만 아니라 2008년 글로벌 금융 위기 당시 중국의 외환 보유고의 거의 70~80퍼센트는 미국의 국채였습니다. 하지만 세 차례에 걸친 미국의 양적 완화로 달러의 가치는 급격히 평가 절하됐고, 중국인들의 달러 자산은 거의 물거품이 됐죠. 현재 중국의 외환 보유고는 3~4조 달러인데요. 그중 70~80퍼센트가 평가 절하되면, 중국의 국부 대부분이 종잇장이 되는 것이나 다를 바 없습니다. 국가적으로 봤을 때 이런 상황이 오게 할 수는 없겠죠. 이것이 중국이 위안화 국제화를 추진하는 이유입니다.

사실 미국이 달러를 마음껏 발행한 데는 중국이라는 숨은 조력자가 있었기 때문에 가능했다고 들었어요. 저렴한 중국산 수입품 덕분에 미국은 자국 내 인플레이션 압박을 피할 수 있었다고요. 최근 중국과 미국 간 관계에 변화가 생긴 건가요?

중국과 미국이 서로 필요에 의해 윈윈win-win하는 포용 정책을 유지해왔던 과거 40년과 달리, 이제 미국은 중국을 전략적 경쟁자로 규명하고 있습니다. 달러 결제 시스템을 활용해서 언제든지 중국을 제재할 수 있는 가능성이 굉장히 커진 거죠. 실제로 이란 경제제재를 비롯해 유사한 일들이 일어나고 있어요. 중국 주요 관료들의 미국 내 달러 자산이 동결되기도 했고요. 이란은 국제무역 거래에서 차지하는 경제 비중이 굉장히 작기 때문에 다른 국가에 미치는 영향이 크지 않지만, 중국에게 이런 불확실한 위험 요소는 반드시 해결해야 하는 문제입니다.

국제적으로 사용하는 미국의 뉴욕청산소은행간지급시스템Clearing House Interbank Payments System, CHIPS에서 미국이 중국의 주요 무역 결제에 대해 중국계 은행들에 제재를 가하면, 즉 중국 은행들의 거래를 차단하면 세계 최대 무역국인 중국의 경제 전체는 마비되고 맙니다. 중국에게는 생존과도 직결되는 문제죠. 지금 미국이 거래 제재를 두고 있는 것은 중국의 몇몇 개인이지만 이후 중국의 주요 국유 기업이나 은행에 제재를 가한다면 중국 경제는 거의 붕괴될지도 모릅니다.

중국 외에도 달러가 기축통화인 국제금융 시스템 아래서는 많은 신흥국들이 소위 '양털 깎이'를 당할 수밖에 없는 입장입니다. 미국이 양적 완화를 멈추면 금리가 다시 올라가며 해외로 나갔던 달러 자본들이 다시 미국으로 들어갑니다. 금리를 올렸다는 것은 돈의 가격이 올랐다는 것이니까요. 신흥국들은 자산이 떨어지면서 경제 위기가 오고 달러는 다시 안전 자산으로 들어가게 되는 거죠. 이것이 과거 40년 동안 세계적인 경제 위기가 발생하고 다시 이를 극복하는 과정에서 많은 신흥국들이 겪었던 위기의 본질입니다.

대부분 국가들의 무역 결제나 제품 수출이 거의 달러로 이뤄지기 때문에 미국에서 달러를 풀면 가치가 떨어지고요. 반대로 거두면 자국 내 자산이 모두 빠져나가서 달러의 유동성의 조절에 따라 자국

내 자산 가격이 들락날락하는 운명을 겪을 수밖에 없습니다. 이처럼 많은 신흥국들은 그동안의 위기 때마다 무성하게 성장한 양털이 깎이는 아픈 경험을 해왔던 거죠. 중국에게 위안화의 국제화는 그런 운명에서 벗어나기 위한 움직임입니다.

중국은 위안화 국제화를 위해 어떤 노력을 하고 있나요?

위안화가 국제화되기 위해서는 달러처럼 국제적으로 석유나 철광석 같은 주요 원자재 가격 표기가 위안화로 되고, 국제무역 결제에서 위안화로 청산, 즉 거래 내역이 기록되며, 다른 국가가 외환 보유고 투자자산의 일부를 위안화로 갖고 있어야 합니다. 그렇게 되면 중국이 위안화 발행량을 어떻게 조절하느냐에 따라 전 세계 원자재의 가격이 변하겠죠. 글로벌 주요 상품에 대한 가격을 결정하는 프라이싱 pricing 기능을 갖게 되는 것입니다.

위안화 국제화 진행 양상도 이 세 가지 측면에서 이야기할 수 있는데요 첫째, 결제통화로서의 확대입니다. 2020년 중국과 러시아의 무역 결제에서 달러의 비중은 46퍼센트까지 낮아졌으며, 그 자리를 유로화와 엔화, 위안화가 메꿨습니다. 현재 국제무역 결제에서 위안화가 차지하는 비중은 2퍼센트 정도로 굉장히 작지만, 중국에서는 점차 확장하는 추세라 보고 있습니다.

둘째, 표기통화로서 중국이 추진해온 일대일로 사업입니다. 일대일로란 내륙과 해상의 실크로드 경제 벨트를 지칭하는 것인데 일대일로 선상의 60여 개국이 해외 투자 시 달러가 아닌 위안화를 사용하는 것입니다. 이들 국가들과 무역 결제를 할 때도, 원자재를 수입할 때도 위안화로 결제하는 거죠. 중국의 입장에서는 원자재 가격들이 위안화로 매겨지는 셈입니다.

이에 따라 이란과도 협정을 체결했는데요. 중국은 이란의 금융, 통신, 도로 등 기초 인프라 건설에 4000억 달러를 투자하는 대신 25년 동안 안정적으로 원유를 제공받는 것에 합의했습니다. 이처럼 원유가 위안화로 책정되는 것은 표기통화로서 상당히 중요한 의미를 지닙니다. 그리고 상하이 국제에너지거래소에서는 위안화 결제 원유 선물거래 시장이 열렸습니다. 원유의 미래 가격이 위안화로 표시된다는 의미로, 표기통화로서의 위안화의 기능을 강화합니다.

셋째, 보유통화로서의 기능을 위해 미국, 유럽 주요 국가, 그리고 아프리카, 중동 아시아 국가 등 세계 18개국 이상의 중앙은행들과 통화 스와프을 맺습니다. 서로 다른 통화를 약정된 환율에 따라 일정한 시점에 상호 교환하는 것이기에, 이를 맺은 두 중앙은행의 외환 보유고에는 상대 통화의 자산이 존재하게 됩니다. 중국이 통화 스와프를 확대하기 위해 노력하는 이유죠.

IMF 특별인출권Special Drawing Rights, SDR에 위안화가 포함된 것 또한 그 일환이라고 할 수 있습니다. SDR은 국제통화로서 기능을 발휘하기 때문에 쉽게 말해 IMF에서 발행하는 돈으로 이해하면 되는데요. 2015년 SDR에 포함되는 위안화 비율은 10.92퍼센트로 8.33퍼센트인 엔화보다 높았습니다. SDR에 위안화가 포함돼 있으면 각국에서 외환 보유고를 운영할 때 그만큼의 비중을 위안화 자산으로 갖고 가게 됩니다. SDR 통화로 편입됐다는 것 자체가 보유통화로서 위안화가 역할을 한다는 의미죠.

최근 중국 정부의 디지털 위안화 또한 화제인데, '위안화 국제화'의 일환으로 볼 수 있을까요?

중국 정부가 디지털 위안화를 추진하는 배경에는 여러 가지가 있습니다. 우선 중국 중앙은행과 상업은행 간의 오묘한 파워 게임이 있고요. 중국 국민들의 신용을 알리페이Ali pay나 위챗페이WeChat Pay 같은 민간 정보 통신 기업들이 가져가는 것에 대한 불안감도 있습니다. 하지만 사실상 가장 큰 이유는 위안화의 국제화죠.

디지털 위안화는 일종의 프로그래밍된 언어기에, 국제 청산 시 국가 간 고객 맞춤형으로 편하게 시스템화할 수 있다는 장점이 있습니다. 종이 화폐와 비교하면 유연성이 굉장히 높아진 건데요. 예를 들어 과거에는 수일이 필요하던 무역 결제가 양국이 협의하면 순식간에 가능하죠. 프로그램 언어이기 때문에 중국 중앙은행이 발행하는 디지털 위안화 앱을 다운받으면 국경에 상관없이 어디서든 사용할 수 있습니다. 위안화가 해외로 나가는 데 굉장히 편리한 소프트웨어를 주는 것이죠.

또한 국제은행간통신협정Society for Worldwide Interbank Financial Telecommunication,

SWIFT(스위프트)은 중국 중앙은행과 위안화 해외 청산 결제 시스템을 구축하기 위해 합자기관을 만들었습니다. 중국이 가장 먼저 디지털 위안화를 만들었다는 점, 국제무역 규모 1위인 중국의 위안화의 청산이 필수였다는 점이 그 이유라 할 수 있습니다.

중국은 전 세계 대부분 국가들의 무역 상대국이기 때문에 만약 미국이 중국에 결제 시스템상에 불확실성을 주면 전 세계가 타격을 받게 됩니다. 특히 유럽, 그중에서도 독일은 제1 수출국이 중국이어서 무역 결제상 불확실성이 생기면 큰 위협을 받죠. 미국과 중국 사이에는 기술 패권, 금융 패권, 군사 패권 등의 여러 가지 불확실한 위험이 존재하기 때문에 사전 예방 차원에서 스위프트가 중국과 함께 해외 무역 결제에 쓸 위안화 시스템을 만든 것입니다. 중국의 입장에서는 국제 청산 시스템을 닦아놓은 만큼 미국이 달러 청산 시스템에서 제재를 가하더라도 폭락에 대비할 수 있는 길이 마련된 거죠.

달러 시스템에서 벗어나 독자적인 질서를 마련하려는 중국의 도전 때문에 달러 패권이 위협을 받을 것으로 보시나요? 앞으로 국제통화 질서는 어떻게 변할까요?

달러의 위기에서 중국은 외부 요인일 뿐입니다. 문제의 본질은 항상 내부에 있습니다. 외부는 계기만 줄 뿐이죠.

달러가 흔들리는 이유는 미국의 낡은 시스템이 그동안 변하지 않았기 때문입니다. 변화된 새로운 역량에 대응해 달라지지 못한 거죠. 이는 세계 발전에 긍정적인 영향을 주지 못합니다. 1, 2차 세계대전을 거치면서 미국은 사실상 세계 최강국으로 변했습니다. 하지만 100년이 흐른 지금, 자본주의 시스템은 변한 것이 하나도 없어요. 미국의 사회적 인프라나 금융 결제 및 증권 거래 시스템 모두 효율성이 낮고 낙후돼 있습니다.

이를 가장 잘 보여주는 것이 코로나19 팬데믹입니다. 팬데믹을 가장 잘 대처한 국가들은 미국이나 유럽 선진국이 아니라 동아시아 국가들이었습니다. 이제는 서방 세계 시스템이 바이러스 하나도 극복하지 못하는 낡은 시스템이 됐다는 의미인 거죠. 어떻게 보면 코로나19 팬데믹은 3차 세계대전의 모의 시험대였습니다. 여기에서 동아시아의 부상이 증명된 것이고요.

동아시아가 부상한다는 말은 해당 국가의 통화가 강해진다는 것과 같습니다. 비트코인이 나온 배경이 2008년 금융 위기였거든요. 즉 달러에 대한 불신이었죠. 금융이란 곧 신용입니다. 그런 미국의 신용이 코로나19 앞에서 무너진 거죠. 미국은 그동안의 전쟁에서 희생된 사람보다 더 많은 인구를 팬데믹 기간 동안 잃고 있습니다. 하지만 아무도 책임지지 않죠. 그만큼 낡은 시스템이라는 것입니다.

이는 동아시아에서 주요 통화가 나올 수밖에 없다는 것을 말합니다. 세계는 분리돼 동아시아 주요 통화, 달러, 유로화 등의 분리된 체제가 만들어질 거예요. 나머지 지역, 제3 지대에서는 어떤 통화를 사용할지 선택하겠죠. 결국 이처럼 다극 체제로 갈 수밖에 없습니다.

트럼프 전 미국 대통령은 중국 때문에 자국 내 일자리 감소와 제조업 불황이 초래됐다고 말하며 중국을 세게 압박했어요. 바이든 미국 대통령 역시 비슷한 기조를 유지하고 있습니다.

미국이 앞으로 가기 위한 본질은 슈퍼 부양책과 같은 투자에 있지 않습니다. 노동과 자본의 분리를 어떻게 해결하느냐에 있죠. 인프라를 정비한다고 해도 노동자 임금이 높은 국가에서 생산한 제품은 해외 경쟁력이 떨어질 수밖에 없습니다. 이건 경제의 기본 원리입니다.

미국의 경우 제조업 분야에 공동화현상이 일어난 지 꽤 오래됐습니다. 1979년 중국은 미국과 수교 후 개혁 개방을 확대하면서 외국계 투자를 받아들였습니다. 이때 가장 적극적으로 들어온 것이 미국 자본이었죠. 미국에게는 기술과 자본이, 중국에게는 큰 시장과 저렴한 노동력이 있었습니다. 그래서 윈윈이 가능했어요.

하지만 그 대가로 미국의 제조업이 쇠퇴하게 됩니다. 미국 노동자들의 월급은 중국의 10~20배가량 되니까요. 미국의 제조 기업들이 미국에 있을 이유가 없습니다. 미국 내에서 생산한 제품을 해외에 수출하면 기업도 돈을 벌고 노동자도 월급을 받을 테지만 결국 미국 자본들은 해외로 이동합니다. 반면 자본과 달리 노동자는 미국에 머무르죠.

그 결과 미국 내에서 자본과 노동자가 분리됩니다. 자본은 전 세계 어느 곳에서나 가장 저렴한 국가의 노동력과 결합할 수 있지만 노동자는 아니니까요. 노동자는 지역적 개념이거든요. 자본은 전 세계 시장의 문만 개방되면 중국이든 베트남이든 필리핀이든 가장 효율적인 곳으로 가게 돼 있습니다. 민족과 국적을 따지지 않습니다. 이건 자본의 본질이자 속성입니다.

또 다른 문제는 젊은이들이 노동자로 일하는 걸 기피한다는 점입니다. 공동화현상과 낮은 임금으로 60세 이상의 사람들만 제조업 분야에 남고, 유능한 젊은이들은 모두 월가로 향합니다. 그들은 금융이나 정보 통신 분야로 가죠. 소위 블루칼라와 화이트칼라 사이의 빈부 격차가 급격해진 것입니다.

현재 반도체 제조와 후공정 시스템은 모두 아시아에 있습니다. 한국과 대만, 중국에요. 글로벌 밸류 체인value chain이 가장 넓게 퍼진 반도체 산업을 아시아 국가들에서 담당하는 데 미국은 불안을 느끼고 있습니다. 반도체 생산이 멈추면 전 세계가 바로 정지되기 때문에 중국을 쉽게 공격할 수도 없습니다. 미국이 제조 시설을 자국에 만들려는 움직임을 보이는 이유죠.

하지만 제조업 공장이 미국으로 회귀해도 미국 노동자들이 고용되지는 않을 겁니다. 노동력은 로봇으로 대체되겠죠. 즉 제조업은 회복될지 몰라도 분열된 미국은 화합되지 못할 겁니다. 블루칼라의 일자리는 계속 없을 테니까요. 일자리가 없으면 소비는 늘어나지 않을 테고요. 소비로 돌아가는 국가에서 소비가 늘지 않는다면, 앞으로 미국의 성장은 금융 외에는 없습니다.

그래서 미국이 중국에게 위안화 절상과 금융 자유화를 요구하는 거군요.

실제로 미국과 중국은 2020년 1월 무역 합의를 했습니다. 그 핵심이 금융시장 개방이었고요. 만약 중국의 자본시장이 완전히 개방되면 외국계 자본, 특히 월가의 자본에는 너무나 편한 시스템이 펼쳐집니다. 보통 자본 항목이 개방된 국가의 경우 캐리 트레이드carry trade, 즉 저금리로 조달돼 외국 자산에 투자된 자본이 한꺼번에 빠져나가는 경제 위기가 찾아올 수 있습니다. 금리를 비교하면서 단기적인 차익에 따라 투기하는 핫머니hot money가 들어올 길이 생기는 것입니다.

다만 중국은 현재 자본 항목이 개방되지 않았기 때문에 엄밀한 의미의 핫머니는 아직 들어오지 않았습니다. 이것이 모두 개방된다면 중국의 금융시장은 거대한 글로벌 유동성 아래에서 흔들리게 될 것입니다. 그러니 중국은 문을 천천히 개방해서 검증된 자본들만 들어오도록 하면서 합자를 요구하는 것입니다. 외국 금융이 자국에 미치는 영향을 파악해가면서 웬만한 수준까지 대응력이 올라간 후에 문을 열겠다는 것이죠.

또한 중국은 사회주의 국가이기 때문에 대부분이 공산당 소유의 국유 자산입니다. 이런 국유 자산이 헐값에 팔리면 중국 국민들의 자산이 없어지는 것이고, 이는 결국 공산당의 집권 능력에도 영향을 미치게 됩니다. 중국으로서는 굉장히 조심할 수밖에 없는 거죠.

마지막으로 화폐와 무역을 둘러싼 미중 갈등 속에서 우리는 무엇을 준비해야 할까요?

중국에 대한 트럼프 행정부의 여러 경제제재는 결과적으로 독보다 약이 됐습니다. 노동이나 생산 요소가 낮아 딱히 기술 개발에 노력하지 않고 외국계에 의존하던 국유 기업들이 여러 경제제재로 원천 기술의 중요성을 자각하기 시작했거든요. 중국의 '쌍순환 전략'도 같은 맥락에서 나온 거예요. 미국의 전방위적 공세 속에서 살아남기 위해 내수 확대를 기반으로 수입 의존도를 낮출 수 있는 독자적인 국내 공급망 구축하고 중요한 핵심 기술도 개발하겠다는 계획이죠. 결국 통화란 국가의 신용에서 나옵니다. 그럼 그 신용은 어디서 올까요? 성장성 있는 건강하고 좋은 기업, 바로 기술력을 가진 기업에서 나오죠. 따라서 기술 패권이 통화 패권을 결정한다고 말해도 과언이 아닙니다.

앞으로 중국과 미국의 갈등 속에서 기술이 엄청 발전하게 될 거예요. 냉전 시대에 구소련과 미국 간 대결이 사람을 달에 보냈던 것처럼 말이에요. 당연히 미국이 이긴다 또는 중국이 이긴다라고 생각하면 안 되고요. 시시각각 변하는 국제 정세 속에서 기회를 포착하기 위해 중국과 미국이 모두 갖고 싶어 하는 힘, 바로 기술 개발에 최선을 다해야 합니다.

— 통화의 본질은 기술입니다. 기술 패권이 통화 패권을 결정하는 거거든요. 앞으로 수십 년 동안 미국과 중국은 통화 패권을 둘러싸고 치열하게 싸울 수밖에 없고 그 과정에서 기술은 엄청나게 발전할 거예요. 그 흐름을 우리는 놓치면 안 됩니다. 그 안에 우리의 기회와 도전이 모두 있어요.

달러 패권의
세 가지 미래

류루이 劉瑞 중국 인민대학교 경제학원 부원장

중국 정부의 경제 성장 전략 설정에 참여한 중국의 대표적인 경제학자다. 중국 금융시장의 위험 요인인 그림자 금융 문제를 지목해 주목받았으며 중국 경제의 지속 가능한 발전 모델에 관해 정부에 정책 자문을 하고 있다. 인민대학교 국민경제관리학과 주임, 한중사회과학학회 부회장, 대만 중화경제연구소 수석연구원 등을 지내왔다. 인민대학교에서 경제학 박사 학위를 받았고 서울대학교 경제학부에서 박사 후 과정을 밟았다.

미국과 중국의 화폐 전쟁은 어떤 상황으로 전개될까요?

달러 패권의 미래는 세 가지 가설로 예측해볼 수 있습니다. 첫 번째, 주권의 소실입니다. 이는 달러에 가장 안 좋은 상황입니다. 미국 경제 상황은 현재는 괜찮지만 미래는 그렇게 낙관적이지 않습니다. 달러는 미국 경제의 영향을 받고, 미국 경제가 나빠지면 달러의 신용도와 유통 범위가 영향을 받죠. 이는 위안화의 굴기가 아닙니다. 미국의 경제 악화가 달러 패권을 쇠퇴시키는 것입니다. 이 경우 달러의 지위가 하락할 가능성이 있습니다. 물론 미국 정부는 모든 방법을 동원해 달러의 영향력이 줄어드는 것을 막으려 할 거예요.

두 번째, 달러가 일부 영역에서 신흥 화폐에 의해 대체되는 것입니다. 이런 일은 이미 지역 단위에서 일어나고 있습니다. 예를 들어 동남아시아 일대는 제1 화폐가 위안화입니다. 달러도 아니고 엔화도 아니죠. 기축통화가 다양해지는 것은 좋은 현상이라 생각합니다. 일부 지역에서 달러를 쓰지 않는다 해서 미국이 바로 패권을 잃는 것은 아닙니다.

세 번째, 위안화가 달러를 대체하는 것입니다. 하지만 이건 실현 가능성이 거의 없는 이야기입니다. 혹시 가능하다고 해도 단기간 내에는 볼 수 없을 겁니다. 위안화가 달러를 대체하고 달러의 지위를 얻기 위해서는 내부적으로나 외부적으로 많은 조건이 필요합니다. 지금으로써는 위안화가 달러를 대체할 조건을 갖추지 못했기 때문에 이 예측은 의미가 없습니다.

저는 첫 번째 가능성에 대해서는 미국이 위기를 만회하고 있으며, 두 번째 가능성은 성공하기를 바라고 있습니다. 그렇게 되면 미국의 달러 패권은 일부 지역에서는 더 이상 우세하지 않겠지만 여전히 달러가 주도하는 지역에서는 유지될 것입니다. 세 번째 가능성은 아직 조건이 갖춰지지 않았습니다.

디지털 위안화가 달러를 대체할 가능성은 어느 정도로 보세요?

디지털 위안화는 중국 중앙은행에서 발행하는 디지털 화폐를 말합니다. 중앙정부가 내놓은 디지털 화폐는 통상 'CBDCCentral Bank Digital Currency'로 불리는데, 중국 당국은 통화 결제 시스템을 포괄하는 개념인 'DCEPDigital Currency Electronic Payment'라고 명명하고 있어요. 디지털 위안화는 사실상 주권 화폐(법정화폐)와 다를 바 없지만 실물 지폐로 불가능한 전자 결제가 가능하다는 점에서 차이가 있습니다.

저는 디지털 위안화가 달러를 대체하는 것은 단기간 내에는 불가능하다고 봅니다. 일부 도시에서 디지털 화폐 시범 사업을 운영하고 있긴 하지만 아직은 규모가 작고 소비 분야에만 국한돼 있습니다. 디지털 화폐가 진짜 화폐가 되려면 사람들이 디지털 화폐를 저축할 수 있어야 하는데 아직은 그런 단계에 이르지 못했죠.

물론 중국은 디지털 화폐의 길을 갈 것입니다. 하지만 디지털 인민화를 미국 달러를 중심으로 하는 시스템에 도전하기 위한 수단으로만 해석하는 건 적절하지 않습니다. 디지털 화폐가 중요한 이유는 세계경제의 디지털 전환이 갈수록 빨라지고 있기 때문입니다. 이 부문에서 우세를 점하지 못하고 뒤처지는 상황을 중국 정부는 두려워하고 있습니다.

미국의 달러 패권은 언제까지 유지될까요?

이 문제는 쉽게 판단하기 어렵습니다. 1900년대 미국 경제는 영국 경제와 비슷한 수준이었습니다. 당시 세계경제는 영국의 파운드로 통했죠. 그러나 1920~1930년대의 경제 위기에서 영국은 조금 늦게 빠져나왔습니다. 덕분에 달러에 기회가 생겼죠. 이후 달러는 파운드를 대신해 세계 화폐의 지위에 오릅니다.

하지만 화폐 패권의 국면 전환은 쉽게 이뤄지지 않을 것입니다. 미국 화폐 체계는 70~80년의 역사를 갖고 있습니다. 달러는 브레턴우즈 체제 이후 금본위제를 통해 기축통화로서의 지위를 얻었죠. 그리고 석유 수출국과 협의를 통해 달러로 석유를 결제하게 되면서 달러의 지위는 더욱 향상되었습니다.

중국이 달러 패권을 대체하기 위해서는 반드시 이런 사건이 있어야 합니다. 중국이 경쟁에서 미국을 이기기란 힘들 것입니다. 이를 위해서는 미국 중심의 국제경제 제도를 재편성하고 국제 주요 상품을 거래할 때 달러가 아닌 위안화로 결제할 수 있어야 합니다. 이 두 가지 조건이 충족되지 않는다면 달러는 여전히 패권을 유지할 것입니다.

그럼에도 위안화의 지위는 상승할 수 있습니다. 위안화는 세계 5대 통화 중 하나입니다. 달러, 유로화, 엔화, 파운드 다음이죠. 위안화는 차츰 파운드를 대체하고, 엔화를 대체할 거예요. 유로화는 대체하기 어려워 보입니다. 달러는 더욱 말할 것도 없고요. 그렇게 세계 3대 화폐 중 하나가 되면 사람들이 해외 여행을 할 때 달러나 유로화, 위안화 중 하나를 선택할 수도 있습니다.

PART 5

생존 위기의
시그널

테이퍼링이
온다

#돈줄조이기

#자산매입축소

#테이퍼텐트럼

#긴축발작

팬데믹 시대,
우리는 더 이상 늘어날 수 없을 만큼
많은 달러가 세상에 쏟아진 것을 목격했습니다.

하지만 물이 가득 채워진 잔은
한두 방울의 물로도 넘칠 수 있듯이
너무 많이 뿌려진 돈은
돌이킬 수 없는 결과를 가져올지도 모릅니다.

잔이 넘치지 않으려면
돈이 떨어지는 속도와 양을 조금씩 줄여가야 합니다.

하지만 아무나 조절할 수 있는 것은 아닙니다.
아무리 목이 말라도, 더 많은 물이 필요해도,
물컵의 주인이 물 따르기를 멈춘다면
갈증을 참을 수밖에 없습니다.

미국이 언젠가 돈의 파티를 멈추는 그때,
팬데믹 머니는 어떤 얼굴을 드러낼까요.

경제가 정상화되었을 때 풀린 돈을 회수하지 않으면
인플레이션 같은 문제가 있을 건 틀림없는 사실이거든요.
문제는 그 돈이 전 세계에서 골고루 줄어드는 것이 아니라
몇몇 나라 혹은 몇몇 부분에서
집중적으로 줄어들게 된다는 점입니다.

— 김진일 고려대 경제학과 교수

2020년 연준은 예상보다 빠른 경제 회복 속도에
처음으로 테이퍼링tapering을 언급했습니다.

테이퍼란 수도꼭지의 물줄기를 줄이는 것으로,
물이 완전히 나오지 않도록 잠그는 것이 아니라
물은 틀어놓되 양을 조금 줄이는 것을 말합니다.
이를 양적 완화 정책에 대입해보면
중앙은행이 국채 매입을 줄이거나 더 이상 하지 않음으로써
전보다 돈을 덜 풀겠다는 뜻입니다.

테이퍼링을 하는 이유는 간단합니다.
바로 양적 완화의 부작용 때문인데요.

다시 말해 달러의 가치 하락과 인플레이션은
국가 간 결제나 금융거래의 기본이 되는
기축통화로서의 지위를 흔들리게 하기 때문에
미국으로서는 그 위기가 도래하기 전
양적 완화의 규모를 줄일 수밖에 없는 것이죠.
테이퍼링은 경제 정상화에 발맞춰 유동성을 회수하는
긴축의 시기가 가까워졌음을 시사합니다.

하지만 무제한 양적 완화로 넘치던 유동성에 제재가 가해지면
세계경제에는 테이퍼 텐트럼taper tantrum,
금리가 뛰고 주식이나 부동산의 자산 가격이 하락하는
긴축 발작이 일어날 수 있습니다.
마치 진통제를 끊은 환자가 갑자기 고통을 경험하는 것과 같죠.

돈이 이동할 때는 두 가지 요소를 봐야 됩니다.
금리와 성장이죠.
돈은 금리가 낮은 곳에서 높은 곳으로
또 성장이 약한 쪽에서 강한 쪽으로 이동하죠.
따라서 미국 경제가 회복세로 돌아서서
금리가 오르고 성장이 시작되면
이머징 마켓이나 신흥국에서 다시 미국으로
달러가 역류하게 됩니다.
그러면 어떤 나라들은 달러 부족으로 인해
위기를 겪을 수도 있습니다.

― 오건영 신한은행 부부장

지금까지 경험하지 못했던 돈이 넘치는 시대,
돈의 세상은 불안하게 요동치고 있습니다.

탄광 속
카나리아

#신흥국

#외환위기

#국가부도

#경제공황

벌써 신흥국의 혼란은 시작됐습니다.

터키의 리라화 가치는
연일 폭락 중입니다.

미국의 금리 인상 조짐에
터키에 있는 달러들이
빠져나간 것이 큰 요인이었습니다.

터키의 물가 상승률이 19퍼센트에 육박하자
터키의 중앙은행은 통화 가치를 방어하고
달러의 유출을 막기 위해
금리 인상을 단행합니다.

돈은 가치를 좇아
금리가 낮은 곳에서 높은 곳으로 흐르기 때문입니다.

기준 금리는 2020년 9월 10.25퍼센트에서
2021년 최대 19퍼센트까지 치솟았습니다.

긴축할 경제 사정이 아니지만 금리를 올릴 수밖에 없고,
결국 경제는 더 안 좋아지는 악순환이 반복됩니다.

전 세계에서 코로나19 사망자가
두 번째로 많은 브라질,
경제 침체에도 기준 금리는
2021년 10월 기준 7.75퍼센트에 이릅니다.

과거 미국의 금리 인상에 달러가 유출되며
외환 위기까지 겪었던 브라질에게는

팬데믹 머니

무료 배식을 받기 위해 줄 서 있는 사람들

피할 수 없는 선택입니다.

구호 물품과 무료 배식에 의존하는
추락한 국민들의 삶을
먼저 돌아볼 수 없는 사면초가의 브라질.

빈민층에 구호 물품을 제공하지만
정말 그들이 바라는 것은
정당하게 노동할 수 있는 일자리입니다.
그들은 인간의 존엄성을 지킬 수 있게 해달라고 호소합니다.

넘치는 달러의 대가를 치르는 국가는
언제나 미국이 아닌 신흥국이었습니다.

1970년대 급부상하던 라틴 아메리카에는
외국인 투자 자본이 몰려들었습니다.

많은 달러의 유입으로
아르헨티나, 멕시코, 브라질 경제는 빠르게 성장했습니다.

하지만 급작스러운 미국의 금리 인상에
국가 부도 위기를 맞았습니다.

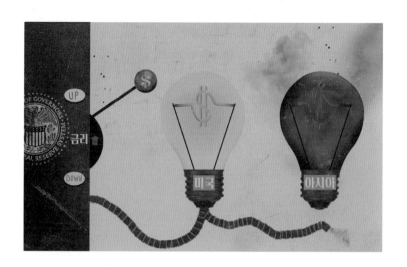

이 패턴은 1990년대 아시아에서
그대로 반복됐습니다.

싱가폴, 대만, 홍콩과 함께
아시아 네 마리 용으로 불리며
빠르게 성장하고 있던 한국.

하지만 미국이 금리를 올리자
아시아 국가들에서 연쇄적으로 달러가 빠져나갔고
우리도 외환 위기를 맞았습니다.

우방 국가와 IMF의 권고를 받아들여
IMF 자금 지원을 요청하기로 하였습니다.

—1997년 11월 21일 임창열 전 부총리 겸 재정경제원 장관

IMF 외환 위기는 지금도 우리에게
지울 수 없는 상처로 남아 있습니다.

절대 무너질 것이라 예상하지 않았던
건실했던 기업들이 줄줄이 도산하고
수많은 근로자들이 몸담았던 회사에서
짐을 싸야 했습니다.
많은 가장들이 실업자가 됐고
그들의 가정은 빈곤에 내몰렸습니다.

당시 한국의 경제 상황은
공황 상태와 다를 바 없었습니다.

미국이 푼 돈으로 달러를 확보했던 국가들은
미국이 유동성을 축소하는 국면에서
외환 위기에 내몰립니다.

팬데믹 머니

그리고 이 시기를 결정하는 것은 미국입니다.

2008년 글로벌 금융 위기 이후에도 마찬가지였습니다.
2010~2011년 미국 경제가 정상화될 때
가장 큰 타격을 받은 것은
그리스를 비롯한 남유럽 국가들이었습니다.
2013년에는 브라질,
2015년에는 중국이 직격탄을 맞았습니다.

미국 경제의 정상화 국면에서의 금리 인상에
신흥국은 예외 없이 금리 발작을 일으켰습니다.

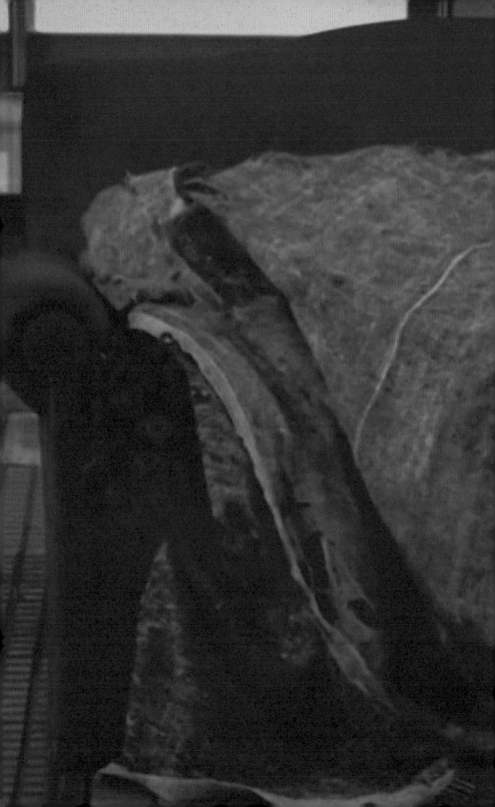

신흥국들을 이렇게 부릅니다.

경제 위기를 알려주는 탄광 속 카나리아라고요.

탄광 속에 들어간 카나리아는

사람보다 먼저 반응을 하는데요.

이를 보고 광부들이 탈출하는 것처럼

세계경제에서 신흥국 시장이

가장 먼저 위기 신호를 보낸다는 뜻이죠.

만약 달러 가치를 회복하려는 노력이 시작되면

탄광 속 카나리아 역할을 하는 이머징 마켓을

주목해서 볼 필요가 있습니다.

— 박종훈 KBS 경제전문기자

POINT 3

위기의
시그널

#일본의잃어버린30년

#플라자합의

#거품경제

#대차대조표불균형

가까운 국가 일본도
미국의 영향력을 벗어날 수는 없었습니다.

금리 인상을 통한 달러의 강세가
신흥국의 위기를 초래했다면,
달러의 약세는 일본 경제에 거대한 버블을 형성합니다.

1980년대 세계 2위의 경제 대국으로 부상한 일본,
당시 일본의 GDP는 미국 GDP의 50퍼센트에 육박했습니다.

당시 세계 100대 기업 중 53개가
일본 기업이었을 정도로 일본 경제는 급성장했습니다.

특히 미국에 대한 흑자가 급증했습니다.
이 말은 곧 미국의 무역 적자가 심했다는 의미인데요.

일본의 비극은 이때부터 싹트기 시작합니다.

당시는 레이건 대통령의 집권 시기로
미국에는 재정 적자와 무역 적자라는
쌍둥이 적자가 있었습니다.

1980년대 후반 일본 거품 경제의
출발점이 된 것은 레이거노믹스입니다.

— 오키나 구니오 전 일본은행 금융연구소 소장

당시 미국이 무역 적자를 해결한 방법은
다소 강압적이었습니다.

1985년 9월, 미국은 G5에 해당하는
프랑스, 독일, 일본, 영국의 재무장관과 중앙은행 총재들을 불러
향후 일본의 30년 미래를 결정할 합의를 유도합니다.
이른바 플라자 합의입니다.

미국은 달러의 강세를 시정하기 위해 엔화 강세를 압박했고,
1달러당 엔화 환율은 242엔에서 120엔까지 내려갑니다.

이제 미국에서 일본 물건을 사려면
두 배의 값을 지불해야 합니다.
당연히 일본 제품의 수출 경쟁력은 떨어지겠죠.

결과적으로 미국은 엔화 절상을 통해
무역 적자를 해소했습니다.
반면 일본 경제는 플라자 합의 이후
돌이킬 수 없는 길을 가고 말았습니다.

엔화 절상으로 수출이 어려워진 일본은
내수 부양에 집중하기 위해 금리를 절반 수준으로 낮췄습니다.

1986년 5퍼센트였던 기준 금리가 1987년 2.5퍼센트로 낮아지자
시중에는 막대한 규모의 유동성이 쏟아졌습니다.

쉽게 구한 돈은 자연스럽게
주식시장과 부동산 시장으로 흘러갔습니다.

결국 1980년대 후반 자산 시장에 급격하게 커진 거품을 우려해
일본의 중앙은행은 서둘러 금리 인상을 단행합니다.

갑작스러운 정책 전환에 시장은 말 그대로 패닉에 빠졌습니다.
금리 인상으로 이자와 원금의 상환 부담은 더욱 커졌습니다.

자산 가격은 떨어지는데 부채는 그대로 남아 있다 보니
한마디로 자산과 부채의 균형이 맞아야 하는
대차대조표가 망가져버렸습니다.

일본 경제의 잃어버린 30년이
출발된 시점이었습니다.

오늘날 세계는 양적 완화라는 새로운 방법을 동원해
돈의 위기를 더 많은 공짜 돈으로 떠받치고 있습니다.

하지만 세상에 풀린 돈은
언젠가는 거둬들여야 할 부채임을 잊어서는 안 됩니다.

팬데믹이 물러간 시대를 생각해봅니다.

한쪽에는 빈곤을
다른 한쪽에는 돈의 파티를 몰고 온
팬데믹 머니는 앞으로 어떻게 될까요.

가진 자는 더 갖고

못 가진 자는 영원히 기회조차 박탈당하는

세대 간, 계층 간, 국가 간 부의 불평등은

코로나19 팬데믹을 겪으며 더욱 벌어졌습니다.

이제 돈은 어디에나 있지만 동시에

아무 데도 없는 신기루처럼 느껴집니다.

코로나19가 지나간 후에도

팬데믹 시대에 진 빚은

전염병과 함께 사라지지 않을 것입니다.

그때는 또 무엇으로 세상을 구할 수 있을까요.

지금이 바로,

팬데믹 머니가 보내는 시그널을

함께 찾아 나설 때입니다.

INTERVIEW

인플레이션으로 인한 불확실성 증대와 달러 가치 하락을 염려하는 미국은 코로나19라는 비상시국에 푼 돈을 다시 거둬들이고자 할 것입니다. 하지만 달러는 미국의 돈인 동시에 세계의 돈입니다. 즉 달러의 흐름은 미국뿐 아니라 세계경제 사이클에 영향을 줍니다. 특히 지금처럼 달러 유동성에 중독되어 있다가 다시 유동성을 회수하는 경우, 처음부터 유동성이 없었던 것보다 더 힘들고 어려울 수 있습니다. 이번 마지막 장에서는 최근 큰 이슈인 테이퍼링, 긴축, 금리 인상이 우리나라 같은 소규모 개방 경제에 어떤 영향을 미치는지 살펴보고 양적 완화 이후 저성장의 늪에 빠지지 않으려면 무엇을 해야 하는지 가까운 나라 일본의 사례를 통해 알아보겠습니다.

미국의 금리 인상이
신흥국의 운명을 바꾼다

윤석천 경제평론가

금융시장에 대한 통찰력을 바탕으로 자본주의와 성장주의의 민낯을 밝히고 미래에 대한 합리적 추론을 이끌어내는 칼럼니스트다. 한국능률협회, 대한경제교육개발원, 선대인교육아카데미 등에서 환율 및 투자 관련 강의를 했다. 《한겨레》 '세상 읽기', 선대인경제연구소 '윤석천의 글로벌 뷰', 《이코노미 인사이트》 'Finance' 등 신문 및 잡지에 칼럼을 집필해왔으며, 여러 방송 프로그램에 출연해 경제를 알기 쉽게 설명하고 있다. 저서로는 『경제기사가 말해주지 않는 28가지』 『화폐 대전환기가 온다』 『부의 타이밍』 『수업 시간에 들려주지 않는 돈 이야기』 등이 있다.

미국 달러를 중심으로 하는 신용화폐 체계에 어떤 문제가 있다고 생각하시나요?

오늘날 달러는 세계의 돈입니다. 이건 미국이 만든 질서고요. 그렇다면 상식적으로 생각할 때 미국은 달러의 유동성이 세계경제에 미치는 영향을 세심하게 고려해야 합니다. 하지만 현실은 그렇지 않죠. 미국의 전 재무장관 존 커널리John Connally가 "달러는 미국의 통화지만, 그건 너네 문제The dollar is our currency, but it is your problem"라고 한 발언은 미국이 가진 입장을 단적으로 보여줍니다.

당연한 말 같지만 달러의 가치가 하락하면 원자재, 특히 석유 가격이 오르는데 이건 전 세계가 부담해야 하는 문제거든요. 20세기는 오일 문명이라고 이야기하잖아요. 석유가 없으면 어떤 나라도 살아갈 수 없는데 석유를 사고파는 시스템이 달러에 묶인 상태에서 주변국들은 이런 미국의 태도가 상당히 불만족스러울 수밖에 없습니다. 이것이 세계 통화 질서가 안고 있는 근본적인 문제라 할 수 있겠죠.

하지만 지난 2008년 금융 위기, 그리고 이번 코로나 위기 때 미국 연준이 어마어마한 양의 돈을 풀어서 세계를 구했다는 식의 긍정적인 평가도 있어요. 이에 대해 어떻게 보십니까?

양적 완화는 2008년 글로벌 금융 위기 당시 처음 도입됩니다. 당시 연준 의장이었던 버냉키는 불황에 대해 깊은 연구를 한 인물입니다. 1930년대 대공황을 비롯해 미국의 경제 위기뿐만 아니라 1990년대 일본의 불황을 중요하게 연구했죠. 사실상 양적 완화는 미국이 아닌 일본이 최초로 시작한 정책입니다. 버냉키는 일본이 계속된 저성장 국면에서도 여전히 건재한 것에 주목합니다.

버냉키는 1930년대 대공황으로 미국 경제가 심각한 위기를 맞은 이유를 연준의 미흡한 역할에서 찾습니다. 연준에서 금리를 아무리 낮춰도 부실해진 시중은행은 갖고 있는 자산을 팔 수밖에 없습니다. 주택 담보 대출의 채권이나 회사채 등을 팔기 시작하는 거죠. 채권 매물이 늘어난다는 것은 채권 가격의 하락, 금리 상승을 뜻합니다. 결국, 기준 금리가 제로에 가깝게 내려가도 시중금리는 폭발하기 시작합니다.

버냉키가 주목한 것은 은행이 갖고 있는 채권을 직접 중앙은행이 나서서 비싼 가격에 사는 방법이었습니다. 결국 시중금리가 내려가면서 사실상 경기 부양의 효과가 있다는 것이었죠. 또한 연준이 돈의 흐름을 조절할 수 있게 되고요. 금리 조정만으로는 신용이 유통되는 채널 자체를 통제할 수는 없지만, 양적 완화는 신용을 확대해서 이 돈이 어디로 흘러갈지도 직접 조절할 수 있으니까요. 예를 들어 주택저당 증권을 매입해 주택 담보 대출 금리를 낮춰 부동산 시장으로 흘러가는 돈의 양을 늘릴 수 있습니다. 쉽게 말해 중앙은행이 시중은행에 대한 최종 대부자 역할을 하게 되고 돈의 유통 채널을 좌우할 수 있다는 것이 버냉키가 주목한 양적 완화의 장점이었습니다.

하지만 양적 완화는 두 가지 문제를 가져왔습니다. 첫째, 전 세계에 부의 불균형, 양극화 현상을 심화시켰습니다. 오늘날 K자 회복이라고 보통 이야기하죠. 경기 회복이 되는 것 같아도 호황을 누리는 곳과 불황인 곳이 나뉜다는 이야기입니다. 경제가 서서히 회복되고 있는 것 같지만, 실상은 전 세계적으로 저성장 국면이 굉장히 일반화됐다고 이야기할 수 있습니다.

그도 그럴 수밖에 없는 것이 사실상 글로벌 금융 위기 자체가 부채의 확대를 통해 막은 것이었죠. 부채는 미래 소득을 앞당겨 사용하는 행위기 때문에 어쨌든 빚을 갚기 위해서는 소비를 줄일 수밖에 없습니다. 부채는 사라지지 않으니까요. 투자나 소비에 쓰여야 할 돈은 언젠가는 부채를 위해 사용돼야 합니다. 이건 개인이나 기업이나 마찬가지입니다. 각 경제주체들이 부채를 갚는 데 열중할 경우 경제는 성장할 수 없는 거죠.

둘째, 자본주의 정신을 퇴색시켰습니다. 자본주의 정신이란 쉽게 말해 창조적 파괴죠. 경쟁력이 없는 기업들은 사라지고 경쟁력이 있는 기업들은 살아나고요. 하지만 중앙은행의 양적 완화로 부실기업들까지 살아나고 있습니다. 단기적으로는 고용이 안정되는 것처럼 보이겠지만 이후 금리 조정이 일어나면 이런 기업들이 언제까지 살아남을 수 있을지 알 수 없습니다.

뿐만 아니라 자유 시장 경제를 일정 정도 후퇴시켰고요. 때문에 실물경제의 중앙은행 의존도가 커졌죠. 중앙은행이 실물경제의 뒷배이자 포로가 돼버렸다고도 표현할 수 있습니다. 이런 상황에서는 연준의 금리 인상으로 유동성이 조금만 줄어도 세계경제는 휘청하게 돼 있습니다. 연준이 팬데믹 위기에 실물경제가 완전히 파괴돼 공황까지 가는 것을 막았다는 것은 저도 인정합니다. 하지만 과연 언제까지 이 문제들을 뒤로 미뤄둘 수 있을지 또 어떻게 수습할 수 있을지 의문입니다.

그럼에도 이번에 미국에서 대규모 재정 정책을 내놓았어요. 그런데 현대 통화 이론Modern Monetary Theory, MMT에 따르면 정부는 시장이 필요한 만큼 돈을 '발행'하면 되기 때문에 인플레이션만 생기지 않는다면 경기 회복, 완전고용 등을 위해 얼마든지 돈을 발행해도 된다고 하는데요. 우리나라에도 이런 현대 통화 이론이 적용될 수 있을까요?

미국의 재정 적자는 3조 달러를 넘어섰습니다. 하지만 달러의 유일한 발행자인 미국은 돈을 빌릴 필요가 없습니다. 발행자는 발행하면 되니까요. 이것이 바로 현대 통화 이론입니다. 다만 여기에는 조건이 한 가지 있죠. 인플레이션이 발생하지 않아야 합니다. 말 그대로 달러가 휴지 조각이 되거나 완전히 급락하지 않는 이상 미국은 달러의 유일한 발행자이기 때문에 미국이 진 빚은 자신들이 그냥 계좌에 적어주면 되는 것입니다. 연준의 총자산이 늘었다 해도 사실은 숫자일 뿐이죠.

이런 방식은 미국과 같은 기축통화국이나 유럽이나 일본과 같은 준기축통화국, 즉 어느 정도의 통화 주권을 갖고 있는 국가들만 가능합니다. 상대적으로 달러가 필요한 국가들, 다른 말로 달러 빚이 있어야 자국을 운영할 수 있는 국가들은 양적 완화를 할 수 없습니다. 한국 원화는 막대한 경상수지 흑자를 바탕에 둔 비교적 건실한 통화지만, 여전히 기축통화의 위치에 오르지는 못했습니다. 양적 완화를 실행하는 데 매우 제한적일 수밖에 없지요. 달러는 수요가 있으니 그 가치가 보장되지만 원화는 그 가치가 보장될 거라 장담할 수 없는 거죠. 우리가 원화를 마음껏 발행한다면 바로 원화 가치가 폭락하고 환율이 급등할 거거든요. 어떻게 보면 통화 주권이 없다고도 할 수 있습니다.

현대 통화 이론 옹호론자들은 일본이 대규모 양적 완화를 했어도 물가가 안정적으로 유지되고 있으며 별 다른 부작용이 없다고 말합니다.

당장 겉보기에는 괜찮아 보일지 몰라도 지금 일본에게 희망이 있는지는 의문입니다. 2008년 아베노믹스라고 불리는 양적 완화 정책이 시행된 이후 모든 경제주체들이 중앙은행만 바라보는 형국이 되지 않았나 싶어요. 오히려 기업가 정신이라든가 경제 자생력은 상당히 후퇴했다고 봅니다. 간단히 말해 경제주체들이 의욕이 없어요. 일본에서 구글이나 애플, 아마존 같은 세계적인 IT 기업이 탄생할 수 있을까요? 지금 일본은 성장도, 번영도, 활력도 없는 정체 상태에 가깝습니다.

바이든 대통령이 역대 최고 부양책을 내놓았습니다. 과거 루즈벨트 대통령이 시행했던 뉴딜 정책보다도 그 규모가 훨씬 크다고 들었어요. 이렇게 미국이 대규모 투자를 하면서 돈을 쓰게 되면 우리나라처럼 달러를 벌어들이는 나라에게는 좋은 것 아닌가요?

미국의 대규모 경기 부양책은 일시적인 호황을 가져올 수 있습니다. 달러가 약세 국면이고 유동성이 풍부할 때는 모든 국가가 흥청망청하죠. 문제는 미국이 아닌 다른 국가의 경우에는 결국 달러를 갚아야 한다는 것입니다. 미국이 금리를 올리면 낮은 금리로 조달해 외국 자산에 투자된 자금들이 전부 다 미국으로 회귀할 거고요. 채무국가들에서는 일순간 달러가 빠져나가게 됩니다. 달러가 유출되는 순간 달러의 유동성 파티는 끝나고, 신흥국은 큰 어려움에 처하고 말죠. 달러가 만들어내는 세계경제의 호황과 불황은 이런 사이클로 일어난다고 할 수 있습니다.

미국의 이런 통화정책으로 영향을 많이 받는 국가들은 달러 의존도가 강한 터키, 브라질, 아르헨티나, 러시아, 그리고 일부 동남아시아 국가들과 같은 신흥국들입니다. 우리나라의 IMF 외환 위기 또한 사실상 같은 맥락이죠. 일본의 버블 붕괴 이후 경제 불황 또한 달러 패권 도전에 대한 미국의 응징이라고 할 수 있습니다. 특히 원자재에 의존하는 경제체제를 지닌 신흥국의 경우 원자재 수요에 따라 경제에 큰 타격을 받습니다. 이런 경제적 위기는 달러의 보유량, 즉 외환 보유고에서 달러가 차지하는 비중에 따라 정도가 결정된다고 할 수 있습니다.

그래서 미국의 장기금리가 상승하는 등 변화의 조짐이 보이면 신흥국에서는 금리를 올릴 수밖에 없습니다. 달러를 비롯한 자금을 묶어둘 수 있는 방법은 금리 인상뿐이거든요. 금리가 미국보다 훨씬 높아야만 자금이 자국 내에 머물 수 있는 환경 자체가 조성되니까 긴축할 경제 사정이 아닌데도 금리를 올릴 수밖에 없고, 결국 경제는 더 안 좋아지는 악순환이 반복되는 겁니다.

그렇다고 금리 인상이 해외 자본을 반드시 유입시킨다고 볼 수 있는 것도 아니에요. 금리가 급격히 인상돼 경기 침체가 가속화되면 결국 자국의 화폐 가치는 더욱 하락하고 수입 물품 가격이 천정부지로 치솟아 인플레이션을 더 부추기는 결과를 낳을 수도 있습니다. 그러면 오히려 안전 자산인 달러의 품귀 현상이 심화되죠. 결국 달러 패권에서 완전히 독립해 살아갈 환경이 되지 않는 이상, 신흥국에게는 달러의 통제 자체가 사실상 불가능하다고 할 수 있습니다.

팬데믹이 몰고 온 돈의 홍수는 오늘날 우리의 삶을 바꿔놓고 있습니다. 그 근본적인 바탕에는 뭐가 있을까요?

신용화폐 시스템에서는 내가 벌어들이는 월급, 내 주머니 속에 있는 이 돈이 항상 같은 가치를 유지할 거라는 믿음이 굉장히 중요합니다. 그것을 믿기 때문에 우리가 많은 시간을 투입해서 노동을 하는 것이죠. 그런데 중앙은행의 양적 완화 정책 이후 이 믿음이 뿌리부터 흔들리기 시작했어요. 풀린 돈이 모든 사람들에게 공정하게 배분되는 게 아니거든요. 신용이 높은 사람, 자산을 가진 사람, 힘 있는 사람에게 그 돈이 가요. 그리고 그들이 어마어마한 자본소득으로 부자가 되는 걸 사람들이 봅니다.

이런 환경에서 노동의 가치를 어떻게 존중할 수 있을까요? 이제는 주식을 사고 부동산을 사고 암호 화폐를 사는 것이 생존 방식이 되었어요. 이걸 개인 탓으로만 돌릴 수는 없습니다. 오히려 중앙은행이 발권력을 남용한 결과인 거죠.

— 코로나 이후 브라질이나 터키 등 신흥국 경제는 어려운 상황인데 달러를 비롯한 외국 투자자 자본을 묶어둘 수 있는 방법은 금리 인상밖에 없는 거예요. 그러니 울며 겨자 먹기로 선제적으로 자꾸 금리를 올리게 되고 그럴수록 경제는 더 안 좋아지는 악순환이 반복되는 거죠.

장기 불황의
덫에 빠지지 않으려면

리처드 쿠 Richard C. Koo 노무라종합연구소 수석연구원

일본 수상들에게 경제 문제를 조언하는 등 일본의 금융시장 분야에서 가장 신뢰할 수 있는 경제학자다. 일본경제금융신문 및 일본경제공사채정보에서 최고의 경제 전문가로 선정됐고, 2001년 전미실물경제협회에서 에이브럼슨상을 수상했다. 뉴욕 연방준비은행 연구원, 와세다대학교 객원교수, 연방준비제도이사회 객원연구원 등을 지냈다. UC 버클리대학교 졸업 후 존스홉킨스대학교 경제학 박사 과정을 수료했다. 저서로는 『밸런스시트 불황으로 본 세계 경제』 『대침체의 교훈』 등이 있다.

코로나19 사태로 세계 각국의 부채 비율이 크게 증가했습니다. 이 때문에 '대차대조표 불황'Balance Sheet Recession'을 염려하는 목소리가 커지고 있는데요. 이 '대차대조표 불황'이 뭔지 간단하게 설명해주세요.

보통 주식이나 부동산에 거품이 끼기 시작하면 사람들은 빚을 내서라도 이 자산들을 확보하려고 합니다. 즉 거품경제가 확대될 땐 부채가 크게 증가합니다. 그런데 이 거품이 꺼지고 나면 자산 가격은 떨어지는데 그때까지 빌린 돈, 부채는 그대로 남아 있게 되죠. 결국 자산과 부채·자본의 균형 상태, 즉 대차대조표가 망가져버립니다.

일본의 경우 이런 일이 1990년대에 일어나는데 당시 일본의 상업용 부동산은 최고점에서 87퍼센트나 떨어졌습니다. 도쿄도東京都 일부가 아니라 일본 전체적으로 87퍼센트가 떨어진 겁니다. 채무 초과, 정확히 말해서 도산 상황인 것이죠.

이런 상황이 되면요. 다들 필사적으로 자산과 부채 간 격차를 줄이려고 합니다. 그러려면 어떻게 해야겠어요? 기업이나 개인 모두 소비와 투자를 줄이고 벌어들이는 돈을 빚을 갚는 데 씁니다. 사람들이 돈을 쓰지 않으니 경제는 살아나지 않습니다. 이는 다시 소득 감소와 채무 부담 증가, 자산 가치 하락을 불러오는 악순환을 가져와요. 이것이 바로 대차대조표 불황입니다.

대차대조표 불황에서는 아무리 정부에서 경기 부양책을 펼쳐도 효과가 미미할 수밖에 없겠군요. 실제로 일본은 아베 정권 때 아베노믹스라고 하는 경기 부양책을 추진했지만 지금까지 저성장의 덫에서 쉽게 빠져나오지 못하고 있습니다. 여기서 우리는 어떤 교훈을 얻을 수 있을까요?

일본은 세계적으로도 드물게 중앙은행이 주식을 매입하는 국가입니다. 아베노믹스가 시작된 2013년 일본 경제는 굉장히 어려운 상황에 있었습니다. 당시는 구로다 하루히코黑田東彦가 총재로 취임한 해로, 아마 당시에는 할 수 있는 건 뭐든지 하자는 생각으로 주식까지 샀을 거라 생각합니다. 그런데 이것이 긴급사태가 아닌 때에도 매년 상시적으로 이뤄지게 된 거죠. 그러다 보니 꽤 큰 규모가 됐습니다.

여기에는 매우 큰 문제가 있습니다. 본래 중앙은행은 주식을 보유하면 안 되니까요. 실제로 경기 좋아졌을 때는 중앙은행의 대차대조표 어딘가에서 제외시켜야 합니다. 하지만 중앙은행이 주식을 갑자기 시장에 내다 팔면 주식 가격이 급격히 떨어지는 사태가 올지 모르니, 그것을 피하기 위해선 중앙은행이 아닌 다른 기관들로 주식을 조금씩 이전해야 합니다.

사실 아베노믹스는 세 개의 화살로 구성돼 있습니다. 첫 번째 화살은 양적 완화입니다. 저는 개인적으로 이 금융 정책에 처음부터 반대하는 입장이었어요. 실제로 가계나 기업이 전혀 돈을 빌리지 않기 때문입니다. 돈이 은행까지는 가지만 빌리는 사람이 없으니 은행 밖으로 나가지 않습니다. 오히려 마이너스 금리인데도 다들 저금을 합니다. 금리가 떨어지면 돈을 빌린다는 경제학의 기본 원리와 다른 세계가 펼쳐지고 있는 거죠. 이런 대차대조표 불황 상태에서는 아무리 돈을 쏟아부어도 경제가 살아나지 않습니다.

두 번째 화살은 재정 투입입니다. '과감한 재정 확대'라고도 합니다. 현재 일본은 굉장한 저축 과잉 상태입니다. 누군가 저금을 하면 누군가는 그 돈을 빌려서 써야 국가의 경제가 돌아갈 텐데 모두가 저금만 하는 겁니다. 과거에는 금리로 이것을 조정했지만, 일본의 경우 마이너스 금리에도 돈을 빌리려는 사람이 없어서 문제였죠. 그렇게 되면 민간 이외의 누군가가 빌려서 써야 하는데 민간 이외의 누군가는 정부밖에 없거든요. 따라서 아베노믹스에서는 정부가 돈을 빌려서 지출하는 것이 절대적으로 필요했습니다. 부총리 겸 재무상 아소 다로麻生太郎는 이 사실을 알고 있었기에 나름 일본 경제가 유지 돼올 수 있었던 것 같습니다.

그리고 마지막 세 번째 화살은 구조 개혁입니다. 20년 전 당시 총리 고이즈미는 구조 개혁 없이 경기 회복은 없다고 이야기했죠. 미국이나 유럽의 신문에서도 이를 대대적으로 다루며 맞장구쳤습니다. 하지만 결국 성공적이지 못했어요. 역시 대차대조표 불황이 문제였죠.

30년 전에 대차대조표의 문제를 겪었던 기업들은 지금 대부분 부채 문제를 해결했습니다. 20년간 매해 채무를 변제해온 이들 기업은 드디어 대차대조표의 균형이 맞춰졌으니 두 번 다시 빚을 지지 않겠다고 생각하죠. 이건 심각한 문제입니다. 그런 트라우마가 한번 생기면 아마 죽을 때까지 빚을 내지 않을 테니까요. 이런 사람들이 대출을 받지 않으니 경제가 돌아가지 않겠죠.

또 한 가지는 기업들이 엔화를 빌릴 필요가 없다는 것입니다. 만약 제조 중인 제품의 수요가 크게 늘어 공장을 확장해야 한다면, 많은 경영자들은 일본 공장과 베트남 공장이라는 선택지 중 베트남 공장을 확장하기로 결정할 거예요. 그러면 이 기업은 틀림없이 최대의 이익을 내고 있지만 엔화를 빌리지는 않죠. 그들이 필요한 통화는 베트남의 동VND이니까요. 결국 이 사람들이 돈을 빌리지 않으면 똑같은 문제가 발생하는 겁니다.

이처럼 일본 경제의 문제는 80퍼센트가 대차대조표로 나타난 부채의 문제였고, 20퍼센트만이 구조의 문제였습니다. 이 상태에서 아무리 구조 개혁을 해봤자 경기는 좋아지지 않았고요. 정부가 목표로 하는 2퍼센트 수준의 물가 상승은 그 후에도 오지 않았습니다. 그러니 이제 와서 총리가 다시 구조 개혁을 이야기해도 일본 국민들은 신뢰하지 않습니다. 구조 개혁은 이미 20여 년 전에 필사적으로 했으니까요.

대차대조표 문제가 없어진 지금이야말로 총리가 나서서 과거의 오류를 인정하고 구조 개혁이 필요하다고 설명하지 않으면 일본 국민들은 납득하지 않을 겁니다. 이 점은 매우 어려우면서도 제대로 해야 하는 부분입니다. 아베노믹스의 부정적 부분을 정상화시키는 것이 향후에 남은 큰 과제입니다.

아베노믹스 이후 일본 내 불평등이 심화됐다는 비판도 있습니다. 실제로 일본은 소득 상위 국가임에도 불구하고 빈곤율이 꾸준히 늘고 있어요.

아베노믹스로부터 소득이나 부의 불평등 같은 부정적 격차가 생겼다는 지적에 대해서는 두 가지로 나눠서 생각할 수 있습니다. 정부가 어쩔 수 없는 부분과 어느 정도 손을 써볼 수 있는 부분으로요. 이는 모든 국가가 안고 있는 문제이기도 합니다. 제조업 중심의 시대에는 교육 수준이 그리 높지 않더라도 신체가 건강하고 성실하다면 소득이 나쁘지 않았습니다. 하지만 지금 제조업은 어느 국가에서든 축소되는 경향입니다. 그래서 제조업 종사자들의 소득은 좀처럼 늘지 않죠.

따라서 전체적인 교육 수준을 올리는 것이 필요합니다. 예를 들어 학교 커리큘럼에서 직업 교육이나 컴퓨터, 프로그래밍, 코딩 교육을 강화하는 거죠. 한참 전에 교육기관을 졸업한 50~60대 성인들은 이런 교육이 익숙하지 않을 텐데요. 이들이 재교육을 받을 수 있도록 정부의 적극적인 지원이 필요합니다.

그럼에도 예전처럼 평등한 세상을 다시 보기는 어려울 것 같습니다. 특히 더욱 임금이 저렴한 국가로 제조업 시설들이 옮겨가게 되면서 이런 격차는 생길 수밖에 없습니다.

INTERVIEW

지금까지 코로나19가 몰고 온 경제적 충격이 우리 삶의 근간을 뒤흔드는 걸 보았습니다. 이 과정에서 두 가지 질문이 머릿속을 맴돌았습니다. 먼저 왜 인류는 코로나19를 피하지 못했는가라는 물음입니다. 이 끔찍한 감염병을 피할 방법은 없었는지, 앞으로 팬데믹을 피하려면 어떻게 해야하는지 세계적인 미래학자 제러미 리프킨과 이야기를 나눴습니다. 다음으로 코로나19 이후 경제가 어떻게 변화하게 될지 궁금했습니다. 많은 사람들이 백신을 맞게 되면서 위드 코로나 시대가 도래했습니다. 이제 코로나가 바꾼 것들은 원래 모습으로 돌아가게 될까요? 아니면 이미 임계점을 넘어선 걸까요? 그 답을 구하기 위해 금융과 경제 분야에서 정확한 예측으로 유명한 제이슨 솅커를 인터뷰했습니다.

코로나19가
앗아간 것과 가져온 것

제러미 리프킨Jeremy Rifkin
미래학자, 미국 경제동향연구재단 이사장

과학기술 발전이 경제, 사회, 노동, 환경 등에 미치는 영향에 대한 광범위한 연구를 통해 현재 문명이 맞이한 위기를 지적하고, 미래 사회를 재편할 새로운 경제적 패러다임을 제안해온 저명한 사회사상가다. 펜실베이니아대학교 와튼스쿨 최고 경영자과정 교수로 재직하고 있으며, 비영리단체 경제동향연구재단을 설립해 사회의 공공 영역을 수호하기 위한 계몽 운동 및 감시 활동을 펼치고 있다. 펜실베이니아대학교 와튼스쿨에서 경제학을, 터프츠대학교 플레처법률외교대학원에서 국제관계학을 공부했다. 세계적인 베스트셀러 작가로 『글로벌 그린 뉴딜』『엔트로피』『한계비용 제로 사회』『3차 산업혁명』『공감의 시대』『노동의 종말』『유러피언 드림』『수소 혁명』『육식의 종말』『소유의 종말』『바이오테크 시대』등의 저서가 있다.

첫 번째 질문입니다. 메르스, 사스와 비교했을 때, 코로나 바이러스가 우리 인류와 사회에 미치는 영향은 엄청나게 크고 치명적이었습니다. 이 바이러 스는 어디에서 온 건가요?

코로나19 바이러스는 불가피한 것이었습니다. 지난 10년간 인류 역 사에는 최소 여섯 가지 이상의 주요 팬데믹이 있었습니다. 에볼라, 지카, 돼지 콜레라 등이 계속 이어졌어요. 이 같은 현상의 원인은 크 게 두 가지로 볼 수 있습니다.

첫째, 지구의 야생이 사라지고 있다는 점입니다. 우리가 삶의 방 식을 급격하게 바꾸지 않으면, 20년 사이에 그마저 완전히 사라질 것입니다. 그동안 인간은 단기적인 경제적 이득을 위해 주변 환경을 착취해왔는데요. 그렇게 야생 공간이 소멸되면, 원래 거기 살던 수많 은 생명들은 서식지를 잃고 난민이 됩니다. 이 생명들이 우리가 사 는 도시로, 사회로 이동합니다. 이때 동물의 몸에 붙어 있던 바이러 스도 인간 곁으로 가까이 오게 되죠.

둘째, 기후변화가 있습니다. 그동안 인류는 문명을 만들기 위해 석탄, 석유, 가스를 추출해 사용했습니다. 그리고 엄청난 양의 이산 화탄소를 대기 중에 배출했죠. 이 이산화탄소가 햇빛의 열기를 지구 에 잡아두게 됩니다. 문제는 이산화탄소 배출, 그로 인한 지구온난화 가 지구의 물 순환을 바꿔놓는다는 점입니다.

지구의 온도가 1도 올라갈 때마다, 대기권은 땅으로부터 강수량 의 7퍼센트를 더 흡수합니다. 그 결과 극단적이고 통제되지 않는 물

난리가 일어나고 가뭄, 들불, 허리케인 등의 자연재해 역시 더욱 강력해지고 예측할 수 없게 변합니다.

이런 변화는 앞서 이야기한 야생동물들의 이주를 가속합니다. 그들 또한 홍수, 가뭄, 들불, 허리케인을 피해 도망가는 것이죠. 그렇게 인류 문명에 점점 가까워진 바이러스는 야생동물 대신 인간을 숙주로 삼기 시작합니다. 코로나19라는 신종 바이러스의 등장은 인류가 자초한 일입니다.

코로나 같은 바이러스의 원인이 화석연료 문명 때문이라고 하셨는데요. 인류가 화석연료에서 벗어나는 게 가능할까요?

지난 세기 화석 연료의 사용과 이산화탄소 배출로 기후변화가 왔고 이제 지구는 6500만 년 전 5차 대멸종 이후 6차 대멸종의 위기에 처해 있습니다. UN에서는 기후변화로 우리에게 주어진 시간이 몇 년밖에 남지 않았다고 합니다. 잘해야 12년 정도라고 하죠. 완전히 새로운 경제적 건설을 위해 우리에게 주어진 시간입니다.

일본을 비롯해 뉴욕, 런던, 베를린 등 모든 주요 도시들은 재생 가능 에너지로 변화하는 추세입니다. 이제는 태양열과 풍력이 훨씬 더 저렴합니다. 태양열과 풍력의 한계비용은 제로니까요.

종종 사람들이 우리가 제 시간에 해낼 수 있겠냐고 물어보면 저는 충분히 가능하다고 말합니다. 미국에서 1차 산업혁명은 1870년부터 1900년까지 30년 만에 이뤄진 것들입니다. 2차 산업혁명은

1908년부터 1929년의 대공황까지 25년이 채 안 걸렸습니다. 마찬가지로 3차 산업혁명 또한 25년 안에 해낼 수 있습니다. 시장은 이미 있죠. 태양열과 풍력은 이제 저렴하고, 디지털 기술 혁명은 3차 산업혁명 인프라와 통합될 준비가 돼 있습니다. 예산도 충분합니다. 20년 안에 무배출시스템zero emission으로 갈 수 있습니다.

이미 시장에서는 탈탄소 움직임이 나타나고 있습니다. 2020년 10월 미국 에너지 부문에서 시가총액 1위 기업인 석유 업체 엑손모빌이 신재생 에너지 업체에게 잠시나마 1위 자리를 내어주는 일도 있었죠. 짧긴 하지만 굉장히 상징적인 사건이었어요. 뿐만 아니라 최근 몇 년간 화석연료 산업에서 11조 달러가 탈출했습니다. 세계 은행들과 자산 운용사들은 화석연료에 투자된 돈이 좌초자산stranded asset*이 될 위험이 크다고 말합니다.

현재는 회복의 시대입니다. 더 이상 진보의 시대가 아닙니다. 지난 시대에 우리는 땅 아래 묻힌 온갖 화석연료들을 사용해 단명하게 될 문명을 만들어냈습니다. 앞으로는 더 많은 팬데믹이 있을 것입니다. 새로운 바이러스는 계속 등장할 것입니다. 이제 중요한 것은 앞으로 어떻게 할 것인가입니다. 우리에겐 기술도 있고 돈도 있습니다. 문제는 이 모든 걸 밀어붙일 의지가 있느냐 없느냐죠.

• 기존에는 경제성이 있었으나 시장이나 사회 환경의 급격한 변화로 가치가 하락해 조기 상각되거나 부채로 전환될 위험이 있는 자산.

이번 팬데믹은 인류에게 새로운 어젠다를 많이 던져주기도 했습니다. 말씀하신 에너지 전환 문제도 그중 하나겠죠. 그 외에 몇 가지 사안에 대해서도 의견을 듣고 싶은데요. 먼저 정부의 마스크 착용, 거리두기 정책에 반대하며 이런 정책이 개인의 자유를 탄압한다는 주장에 대해 어떻게 생각하시나요?

자유란 우리 각자가 원하는 대로, 무엇이든 할 수 있다는 것을 의미하지 않습니다. 이것은 미국의, 서구의 개념이죠. 이런 개념이 아시아까지 번지지는 않았으면 좋겠습니다. 원하는 대로 모두 할 수 있다는 것은 부정적인 자유입니다. 자유의지론, 신자유주의의 개념은 서양 문명의 전염병이며 기후변화, 더 나아가 팬데믹을 가져온 주범입니다.

긍정적인 자유란 가족, 지역사회 등 우리가 사는 세계 안에서 우리의 관계를 넓혀갈 수 있음을 말합니다. 모두가 자유롭지 않은 한, 누구도 자유롭지 않습니다. 독점을 통한 자유를 추구할수록 우리는 자유에서 더욱 멀어집니다.

서양 종교의 출발점인 창세기에서 하나님은 아담과 이브에게 너희가 자연을 지배할 것이라고 말합니다. 이것이 서양의 전통입니다. 반면 아시아의 전통은 서양과는 완전히 다른 기반을 갖고 있습니다. 우리는 자연의 지배자가 아니라, 오직 자연의 한 중개인이며 자연의 일부라는 생각입니다. 다시 말해, 인간으로서 우리의 사명은 지구상의 다른 생명들과 평등한 관계를 맺고 음과 양의 조화를 이루는 것입니다.

아시아에서 마스크 착용이 잘 지켜진 것은 이런 전통과 연관이 있습니다. 아시아에서는 아이들에게 그들이 사회로부터 동떨어진 독립적인 존재가 아니며, 각각의 개인성은 주변 모두와의 관계 속에 있는 것이라고 가르칩니다. 그리고 우리의 모든 것은 가족, 공동체, 마을, 그리고 우리가 사는 세계와의 관계와 의무를 통해서 이끌어낼 수 있다고 말하죠. 그러니 마스크를 쓰는 건 일종의 결속인 셈입니다. 다른 사람들과의 결속뿐 아니라 지구와의 결속이죠.

아시아는 이런 전통을 버리지 말고 서양에 가르쳐줘야 합니다. 이것이 우리가 나아가야 할 방향이니까요. 회복의 시대는 자연과의 조화, 자연과의 연계가 전부입니다. 자유는 배타적 소유가 아닌 포용과 접촉으로 측정하는 것임을 서구 사회는 깨달아야 합니다.

기후변화와 미래의 팬데믹을 해결할 수 있는 유일한 방법은 인류가 각 공동체에서 함께하며, 서로를 위해 책임지는 길뿐입니다. 우리는 새로운 방식으로 번영할 수 있습니다. 또 새로운 사회성을 키울 수 있습니다. 지구에서 함께 사는 생명들에게 최선의 선의를 보일 수 있습니다.

이번 코로나19 위기를 겪으면서 우리가 그동안 자랑스럽게 생각한 근대의 시스템과 인프라가 얼마나 취약한지 깨달았습니다. 앞으로 우리는 어떤 정부, 어떤 비즈니스, 어떤 사회를 설계해야 할까요?
1, 2차 산업혁명의 기반 시설은 고도로 중앙 집중화된 구조와 하향

식 명령 시스템이 유리한 환경을 만들었습니다. 화석연료는 추출하고 정제하고 운송하는 게 매우 비싼 에너지이기 때문이죠. 따라서 대규모 자금이 투입돼야 하고, 그 자금을 효과적으로 관리해야 하고, 투자자들에게 돌려줄 최대한의 이익을 내기 위해서 비용 절약을 꾀하게 됩니다. 그 결과 수직적·수평적으로 규모를 늘린 대기업이 탄생했고, 세계화가 일어났습니다.

하지만 우리는 이번 팬데믹을 겪으면서 비용 절약과 효율성을 추구하는 중앙집권적인 시스템이 마스크 같은 단순한 제품조차 제때 공급하지 못하는 걸 보았습니다. 회복력이 부족했던 겁니다. 지금 이 순간에만 의존하면, 다음은 없습니다. 회복에는 충분한 백업이 필요합니다. 응급 상황이 오면 대처할 수 있도록 다중화를 이뤄야 합니다.

역사상 가장 큰 경제적 패러다임의 변화는 세 가지 본질적인 기술이 문명을 강타하고 수렴했을 때 발생했습니다. 이것이 기반 시설을 만들었고 사람들이 소통하고 힘을 갖고 이동하는 데 근본적인 변화를 가져와 경제와 사회, 정부 통치를 변화시켰죠. 그런 의미에서 3차 산업혁명은 수많은 사람들이 스마트폰과 컴퓨터로 연결되는 커뮤니케이션 인터넷, 개개인이 태양력과 풍력 발전으로 전력을 생산하고 이를 다른 사람들과 공유하는 에너지 인터넷, 마지막으로 자동 주행 기술이 적용된 전기차와 연료전지차로 이뤄진 모빌리티 인터넷이 통합되는 걸 의미합니다. 이를 위해선 중앙의 대형 데이터 센터 외에 모든 건물, 모든 동네, 모든 지역의 사업체와 지역 정부에 자신만의 엣지 데이터 센터(데이터를 직접 생산하는 단말기나 단말기와 근접한 데이터 센터)가 필요합니다.

따라서 3차 산업혁명은 완전한 지역화를 가능하게 합니다. 3차 산업혁명의 기반 시설은 매우 배분적이어서 소통과 관리, 이동 등의 고정비용이 아주 저렴하죠. 세계 어느 지역에서나 세계화를 우회해서 비즈니스를 할 수 있습니다. 전 세계의 플랫폼 체제를 구축하게 된다면 이는 훨씬 더 민주적이 될 수 있습니다.

결국 세계화 속에서 지역화가 동시에 일어날 것입니다. 그리고 대기업들은 전 세계에서 글로컬glocal하게 일을 하게 되겠죠. 글로컬은 세계화인 글로벌global과 지역화인 로컬local을 합친 것입니다. 글로벌 회사들에는 첨단 기술을 갖춘 중소기업들이 드나들 것이고, 해외 외주보다는 국내 운영이 더 늘어날 것입니다. 물론 국제무역과 전자상거래는 여전히 있겠죠.

최근 『글로벌 그린 뉴딜』이라는 책이 한국에 나와서 정치, 경제, 사회 분야의 오피니언 리더들에게 두루 읽혔습니다. 실제로 코로나 이후 한국에서도 그린 뉴딜 Green New Deal**˚이 큰 화두인데요. 한국에서 그린 뉴딜이 성공할 가능성**

• 환경을 뜻하는 '그린'과 대공황 시대 경제 부흥 정책인 '뉴딜'의 합성어. 기후 위기와 사회경제적 불평등을 동시에 해결하기 위해 친환경, 저탄소 산업 인프라를 구축하고 신재생 에너지 비중을 높이면서 고용과 투자를 늘리는 정책이다.

을 어느 정도로 보고 계십니까?

한국은 여전히 석탄, 석유, 가스에 완전히 의존하고 있습니다. 세계 여덟 번째 이산화탄소 배출국이며, 전력의 상당량을 석탄으로 만들어냅니다. 기후변화에 대해서만큼 한국의 대처는 세계 최악의 국가 중 하나입니다.

그럼에도 저는 한국과 사랑에 빠져 있습니다. 전쟁 후 아수라장이던 국가가, 현재 세계 열두 번째 대국이 됐습니다. 문명을 생존시켰지요. 다른 나라에 의해 깊숙이 점령되었는데도요. 여러분은 그런 점령을 견디고 자신들의 문화를 이어가며 공동체를 형성할 수 있는 회복력을 갖고 있습니다. 한국의 정말 큰 강점이라고 생각합니다.

그래서 전 한국이 3차 산업혁명을 통해 세계를 그린 뉴딜로 이끌어주리라 믿습니다. 한국에는 이미 삼성, 기아, 현대 같은 훌륭한 기업들이 많이 있습니다. 이들 기업이 디지털화된 IoT 시스템으로의 이동과 전기, 연료전지 자동차로의 전환을 이끌 수 있습니다. 커뮤니케이션과 모빌리티에 있어서는 이미 경쟁력을 확보한 셈이죠. 문제는 한국전력공사가 여전히 19세기 석탄과 20세기 석유를 쓰고 있다는 겁니다. 한국 정부는 더 강력하게 정책을 밀어붙일 필요가 있습니다.

그럼 마지막으로 유럽연합EU과 중국에 그린 뉴딜 정책 자문 역할을 수행해 온 경험을 토대로 한국 정부에게 해주고 싶은 조언이 있다면요?

우리는 지역이나 국가 규모의 정부가 기후변화에 충분히 대응하지 못한다는 사실을 깨달았습니다. 거대한 홍수와 가뭄, 허리케인, 팬데믹이 일상이 되면 공공 보건 분야를 정부 홀로 짊어지기 힘듭니다. 이웃과 동료, 지역 사업체들, 종교 단체들, 자선 단체들, 비영리 단체들 등 모든 공동체가 나서야 합니다.

이런 협력을 내재한 새로운 통치 체제를 지금 유럽에서 시도하고 있습니다. 시민사회, 교육, 공공 보건, 비즈니스 등 다양한 분야의 사람들 수백 명으로 구성된 피어 어셈블리peer assembly가 지역 정부와 협력하는 모델입니다. 그리고 예컨대 18세 이상의 모든 성인이 평생에 한 번, 일정 기간 동안 이 피어 어셈블리에 들어가서 봉사하는 거죠.

피어 어셈블리, 지역 정부, 기업체가 3차 산업혁명 기반 시설 설치를 위해, 그리고 기후 협정과 팬데믹 협정의 이행을 위해 긴밀하게 협력하는 수평적 거버넌스가 필요합니다. 이는 하나의 공동체 안에서 서로가 서로를 책임지게 만드는 것입니다.

이번 위기는 역사 속 사건으로 끝날 일이 아닙니다. 또 다른 팬데믹, 더 큰 기후변화가 올 것이기 때문입니다. 우리는 현재 변곡점에서 있습니다. 이 행성의 인류 모두가 스스로에게 근본적인 질문을 던져야 할 때죠. 진정 생존하고 싶은지 말입니다.

우리는 가장 사회적인 생명체입니다. 우리는 우리 종을 넘어서 생각할 수 있는 존재입니다. 그래서 우리에게는 기회가 있습니다. 하지만 함께 걸어가야 할 그 길은 굉장히 좁습니다. 세계의 공동체들이 모여 한 종으로서 어떤 미래를 만들어나갈지 함께 고민할 때입니다.

　정부의 그린 뉴딜을 통해, 기반 시설 교체에 적극적으로 동참하며 미래의 팬데믹을 예방해야 합니다. 기후변화가 둔화되도록 해야 합니다. 다음 세대가 이 지구에서 번영하며 살 수 있다는 희망을 줘야 합니다. 회복의 시대에 어울리는 디지털 인프라를 구축해야 합니다. 아직 시작하기에 늦지 않았습니다.

― 저는 한국과 사랑에 빠져 있어요. 여러분은 다른 나라에 점령을 당한 역사가 있습니다. 그럼에도 문명을 생존시키는 법을 배웠어요. 이것이 여러분에게 회복력을 줍니다. 새로운 시대, 회복의 시대에 꼭 필요한 능력이죠. 한국의 정말 큰 강점이에요. 그래서 한국이 디지털 기반 시설을 통해 세계를 그린 뉴딜로 이끌어주리라 믿는 것입니다.

코로나 이후
세상은 어떻게 변하는가

제이슨 솅커 Jason Schenker

프레스티지 이코노믹스 및 퓨처리스트 인스티튜트 회장

금융과 경제 분야에서 블룸버그가 선정한 세계 최고의 예측가이자 미래학자다. 블록체인, 비트코인, 암호 화폐, 양자 컴퓨터 등 일과 금융의 미래에 관한 다양한 분석을 바탕으로 국제기구 및 미 정부를 비롯한 연방준비제도이사회 등에서 자문 역할 및 기조 연설을 했다. CNBC, CNN, ABC, NBC, Fox, BNN, Bloomberg Germany, BBC 등에 출연했으며, 《월스트리트 저널》《뉴욕 타임스》《프랑크푸르터 알게마이네 차이퉁》 등에 그의 분석들이 실렸다. 초당파 기구 텍사스 기업 리더십협의회의 CEO 100인에 속해 있으며, 전미법인이사회연합의 정부 선임연구원으로서 이외에도 각종 이사회에 소속되어 있다. 또한 텍사스의 저명한 초당파 리더십 그룹 텍사스 레퀴움 집행위원회의 재무 부문 부사장을 맡고 있다. 저서로는 『로봇 시대 일자리의 미래』『반란의 경제』『금융의 미래』『코로나 불황을 이기는 커리어 전략』『코로나 이후의 세계』 등이 있다.

2020년 말부터 백신이 보급되면서 경제 회복 추이에 대한 기대도 높아진 상태인데요. 어떤 사람은 빠르게 경제가 반등할 거라고 기대하는 반면 또 누군가는 경제 수준에 따라 백신 보급의 격차가 커서 도리어 양극화가 심화되고 생각보다 실물경제의 회복은 더딜 거라고 말합니다.

경제 회복을 쉽게 설명하려는 시도들이 있는 것 같아요. V자 모양도 이야기하고, K자 모양도 이야기하고, 심지어 나이키 모양까지 다양합니다. 이해를 돕는 가장 좋은 방법으로, 저는 세 가지 유형의 경제 회복이 있다고 이야기합니다. 금융시장의 회복, GDP의 회복, 그리고 노동시장의 회복이 그것이죠. 금융시장의 선도적인 요소들에서 변화가 먼저 일어나면, GDP가 따라가고 결국 실업률도 개선됩니다. 하지만 일자리 시장이 이전 수준으로 돌아오는 데는 여러 해가 걸릴 수 있습니다.

코로나19 이후 경제를 회복하는 속도는 각 국가마다 다를 거예요. 특히 제조업의 비중이 낮은 경제는 GDP를 회복하는 데 더욱 긴 시간이 걸릴 겁니다. 상품 제조에 대한 수요는 아주 강하게 나타날 테고요. 사람들은 집에서 더 많은 시간을 보내기 때문에 가전과 통신 제품들의 우선순위도 높아집니다. 비대면으로 일해야 하기 때문에 이전에는 사무실에서만 필요했던 컴퓨터와 주변 장비에 대한 수요는 커지는 반면, 제조업이 아닌 관광, 여행, 엔터테인먼트 등의 서비스업은 약세가 이어질 겁니다. 소비할 수 있는 돈이 적어지면서 여가와 관련된 활동은 그만큼 우선순위가 낮아질 테니까요.

맞습니다. 팬데믹은 산업 구조를 재편했고 그에 따라 우리 삶에도 큰 영향을 줬어요. 대표적으로 재택 근무, 유연 근무, 원격 근무가 광범위하게 퍼졌는데요. 모두가 백신을 맞고 나면 이런 노동 형태는 사라지게 될까요?

'원격 생활remote life이 지속될 것인가?'는 백신 보급 이후에 중요한 질문거리가 될 것 같습니다. 왜냐하면 이 원격 생활은 거대한 기회이기 때문입니다.

사회가 발전함에 따라 많은 국가들은 새로운 경제적 난관들과 환경의 지속성 같은 문제에 맞닥뜨리게 됐습니다. 많은 사람들이 도심의 좁은 공간에 모여 생활한 것이 큰 원인이었죠. 서울을 비롯한 뉴욕, 샌프란시스코 등이 대표적입니다. 문제는 인구 밀도가 높을수록 부동산 가격은 상승하고, 결국 노동자의 출퇴근 거리는 그만큼 멀어질 수밖에 없었어요.

하지만 이제는 원격 생활의 기회가 생겼습니다. 사람들은 굳이 대도시에 살지 않아도 됩니다. 원래 살던 곳을 떠나 다른 곳에 살더라도 전과 같은 일을 하고, 같은 대학을 갈 수 있고, 집세도 덜 낼 수 있습니다. 출퇴근이 없어지므로 인구 또한 대도시에 집중되지 않고 분배됩니다.

코로나 이전까지 원격 생활을 하는 사람들 대부분은 변호사, 회계사 등 전문직 종사자였습니다. 하지만 많은 사람들이 그 편리함을 경험한 이상, 지긋지긋한 출퇴근에서 벗어날 수 있는 원격 근무의 장점을 포기하고 싶지 않을 겁니다. 물론 반드시 출퇴근이 필요한 직업(예를 들면 병원에서 일하는 의료 서비스 노동자나 농사를 짓는 노동자 등)은 예외로 해야겠지만요.

팬데믹의 또 다른 영향으로 한국의 경우 도심 지역을 중심으로 부동산 가격이 크게 상승했습니다. 미국은 어떤가요?

미국은 조금 달라요. 대도시의 임대 비용과 부동산 가격 상승은 더딘 반면, 교외 지역의 부동산 가격은 빠르게 올랐습니다. 이제 세 시간씩 통근하는 대신 마당 딸린 집에서 적은 생활비로 자신이 원하는 일을 하며 살 수 있다는 걸 알게 되었거든요.

예전에 사람들은 시간에 근거해 부동산의 가치를 평가했어요. 직장에 가까울수록 가격은 더 비싸졌죠. 하지만 대규모 격리를 경험한 코로나19 이후에는 시간적 거리가 얼마나 가까운지보다 마당이나 수영장을 가질 수 있는 규모인지가 더 중요해졌습니다. 지금까지 시장의 가치가 직장까지의 근접성이었다면, 이제는 공간으로 변화한 것입니다.

부동산 가격이 오른 데는 낮은 금리와 양적 완화 정책의 영향도 있지 않나요?

맞아요. 지금 미국에서는 금리가 0~0.2퍼센트에 머물러 있습니다. 돈이 거의 공짜인 것과 다름없죠. 이 상태가 수년간 지속될 겁니다. 이미 연방 정부는 최소 2023년까지 금리를 올릴 계획이 없다고 말했어요. 이렇게 돈이 저렴하기 때문에 부동산 가격이 오르는 겁니다. 혹자는 거품 경제를 우려하기도 합니다. 하지만 현재는 한 국가만 저금리를 두고, 한 국가만 양적 완화를 하고 있는 것이 아닙니다. 모든 국가들이 같은 방식을 취하고 있어요. 모든 국가들이 부채를 늘려가고 있고요. 모든 나라들이 금리를 낮추고 있습니다. 그것이 현재 화폐가 붕괴하지 않는 이유입니다. 또한 뉴욕과 샌프란시스코의 부동산 가격이 조금 주춤하더라도 붕괴하지 않는 이유죠. 한국도 마찬가지입니다.

금융과 경제 분야 예측가로서 코로나 이후 부동산 가격이 앞으로 어떻게 되리라 전망하십니까?

도심의 부동산 가격은 유지되면서 교외와 시골 지역의 부동산 가격이 오르리라 생각합니다. 수요의 증가, 낮은 금리, 저렴한 비용 등이 이런 추세에 영향을 미치는 요인이 되고요. 게다가 물리적 자산은 아주 변동이 심한 주식시장에 비해 여러 면에서 안전합니다. 인구학은 운명이죠. 우리는 세계 인구가 증가함을 알고 있습니다. 땅에 대한 근본적인 수요는 계속 상승한다는 이야기입니다.

주식시장은 주가수익률Price Earning Ratio, PER*이 높지만 그 유동성을 쉽게 예측할 수 없습니다. 채권은 보상이 낮죠. 그 중간에 있는 것이

---

* 주가를 주당순이익(EPS)으로 나눈 값으로, 주식 가격이 적정 수준인지 판단하는 기준이 된다.

바로 부동산입니다. 임대를 통해 현금 유동이 생기며, 땅을 새로 만들지 않는 이상 시간이 지날수록 자산 가격은 오를 테니까요. 결국 더 많은 사람들이 작은 도시, 마을 등의 부동산에 관심을 갖게 될 겁니다. 대도시의 집들보다는 가격이 낮으니까요.

사람들이 계속해서 원격으로 일을 할 수 있다면, 더 많은 사람들이 부동산 시장에 참여할 수 있는 능력을 갖추게 될 거고, 높은 금리로 대출을 받지 않고도 자기 소유의 집에서 살 수 있게 될 겁니다. 이처럼 팬데믹은 원격 생활의 편리함을 경험하게 했고, 이는 인류의 삶의 양식을 지금까지와 다른 모습으로 크게 향상시킬 가능성을 열어놓았습니다.

— 모든 것이 일상으로 돌아가더라도 우리는 시계를 2019년으로 돌리지 않을 겁니다.

OUTRO

위드 코로나 시대의
경제와 투자

나가며

세계를 구하기 위해 쏟아져 나온 돈, 팬데믹 머니는 두 개로 갈라진 우리 세계를 더욱 멀리 떨어뜨려 놓았습니다. 한쪽에서는 빈곤으로 인한 시름이 깊어지는데, 다른 한쪽에서는 돈의 파티가 계속됩니다. 이례적인 속도로 백신이 개발·접종되고 있는 지금, 우리는 코로나19 팬데믹이 아닌 돈의 팬데믹 시대를 살고 있는 듯 보입니다.

우리나라에서는 지난 11월 1일부터 단계적 일상 회복을 의미하는 '위드 코로나'가 시작되었습니다. 같은 달 연준은 생각보다 빠른 경제 회복세와 물가 상승 압박에 돈 푸는 규모를 줄여나가겠다고 선언했습니다. 이번에 전례 없는 속도와 규모의 돈 풀기가 있었던 만큼 그 돈을 회수해나가는 과정 또한 우리가 한 번도 가보지 못한 길이 될 것입니다. 벌써부터 시장에는 긴장감이 감돌고 있습니다.

게다가 미중 무역 갈등, 기후변화 협약 등 글로벌 경제의 불확실성을 가중하는 요소들이 여전히 존재합니다. 이런 상황에서 앞으로 세계경제는 새로운 질서로 빠르게 재편될 수 있습니다. 그렇게 되면 2022년은 인류 역사에서 또 다른 변곡점으로 기억될 것입니다. 이것이 김진일 고려대 교수와 오건영 신한은행 부부장을 다시 만나 앞으로 세계경제가 어떻게 전개될지, 그리고 우리는 무엇을 준비해야 하는지 이야기를 나눈 이유입니다. 이 마지막 인터뷰에서 2022년 예견된 부의 지각변동 속 변화의 흐름을 읽고 기회를 포착해내는 지혜를 얻어가길 바랍니다.

팬데믹 머니
이후의 경제

김진일 고려대학교 경제학과 교수

통화정책을 전문으로 하는 거시경제학자다. 1996~1998년, 2003~2011년 미국 연방준비제도이사회에서 통화정책 전략과 거시경제 모형에 대해 연구 및 분석하는 일을 했다. 1998~2003년 버지니아대학교에서 학생들을 가르쳤으며, 1998년과 2007~2009년에는 미국 조지타운대학교에서 경제학과 비상임교수로 재직했다. 2010년부터는 고려대학교 경제학과 교수로 재직 중이다. 2012년에 제42회 매경 이코노미스트상을 수상했다. 서울대학교를 졸업한 뒤 미국 예일대학교 대학원에서 경제학 박사 학위를 받았으며, 저서로 『동태적 거시경제학: 성장과 변동』(공저) 등이 있다.

첫 번째 질문은 최근 이슈에 대한 것입니다. 지난 11월 3일 연방공개시장위원회 회의 결과가 발표되었습니다. 그중 우리가 반드시 챙겨야 할 가장 핵심적인 정보는 무엇인가요?

이날 연방공개시장위원회에서 발표한 통화정책의 핵심 내용은 크게 세 가지로 정리할 수 있습니다. 첫째, 지난 9월과 달리 구체적인 액수까지 밝히면서 테이퍼링 시작을 공식적으로 예고했습니다. 연준은 현재 매달 1200억 달러의 자산을 매입 중인데 11월과 12월에 각각 150억 달러씩 줄여나가기로 발표한 것입니다. 다만 종료 시점이 언제고 그때까지 얼마큼씩 줄일지는 구체적으로 밝히지 않았습니다. 앞으로 경제 전망과 변화를 고려해 속도를 조절하겠다고 언급한 것을 보면, 일단 두 달간 해본 뒤에 상황을 보고 판단하겠다는 입장인 것 같습니다.

둘째, 기준 금리를 현행 수준(0.00~0.25퍼센트)에서 동결하기로 했습니다. 그리고 기자회견에서 파월 의장은 테이퍼링과 금리 인상이 별개라는 점을 다시 한번 분명하게 밝혔는데요. 그는 금리 인상의 전제 조건인 완전고용 목표에 도달하지 못했음을 상기시키며 현재는 금리를 인상하기에 시기상조라 생각한다고 답변했습니다. 테이퍼링 종료 직후 금리가 인상될 것이라는 시장의 기대에 선을 그으면서 경기 회복세에 찬물을 끼얹을 위험이나 시장의 과도한 발작을 경계하는 모습입니다.

셋째, 인플레이션이 일시적이라는 입장을 계속 유지했습니다. 미

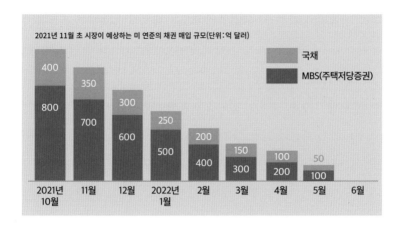

2021년 11월 초 시장이 예상하는 미 연준의 채권 매입 규모(단위:억 달러)

국에서는 거의 반년간 소비자물가 상승률이 5퍼센트가 넘는 인플레이션이 지속되면서 인플레이션이 일시적인가 아닌가에 대해 논란이 분분한데요. 일단 연준은 일시적이라는 말을 '단기적이다'라는 뜻보다는 '지속적이지 않다' 혹은 '구조적이지 않다'는 뜻으로 쓰는 것 같고요. 앞으로 연준의 행보는 이 인플레이션 전망과 가장 밀접한 관련을 가질 거라고 생각합니다.

2008년 글로벌 금융 위기에 시작되었던 양적 완화는 6년 만인 2014년에 비로소 테이퍼링이 시작되었는데요. 이번 팬데믹 때의 양적 완화는 그에 비하면 매우 빠르게 종료된 셈이네요. 이유가 무엇일까요?

2008년 금융 위기는 말 자체에서 알 수 있듯이 금융 시스템이 붕괴된 사건이거든요. 그에 반해 이번에는 기존 시스템이 무너진 게 아니라 전염성이 강한 치명적인 바이러스 때문에 시스템이 작동하지 못한 게 문제였어요. 따라서 방역 문제가 해소되기만 하면 금방 정상화될 수 있는 상황이었다는 점이 다르죠.

물론 코로나19 사태는 인류가 경험해보지 못한 전대미문의 위기 중 하나였기 때문에 노동 참가율이나 소비, 투자 심리 등이 이전 수준으로 돌아오는 데 오랜 시간이 걸릴지도 모릅니다. 코로나19 위기가 영구적인 상흔을 남겼을 가능성도 있고요. 그래도 2008년처럼 시스템적인 위기는 아니라서 그때보다 훨씬 더 빨리 극복된 것이 아닌가 생각합니다.

또한 양적 완화 축소가 앞당겨진 것은 자산 시장 과열과 그 부작용에 대한 연준의 고려가 반영된 결과기도 합니다. 사실 이는 미국만의 문제는 아니죠. 우리나라에서도 '금융 불균형'에 대한 우려가 큰데요. 금융 불균형이란 경제주체들이 미래 예상 소득 대비 과도한 부채를 지고 자산 가격이 실물경제에 비해 지나치게 고평가되어 있는 등의 상황을 의미합니다. 금융 불균형이 심화되면 장기적인 성장이 제한되고 금융 안정이 훼손될 수 있기 때문에 각국 중앙은행은 이 문제에 신경을 쓰면서 통화정책 정상화를 추진해나갈 겁니다.

미국 연준의 테이퍼링 선언이 우리나라의 경제 및 통화정책에는 어떤 영향을 미치나요?

연준은 이자율을 제로까지 내린 후에 양적 완화를 시행했듯이 되돌릴 때는 먼저 양적 완화를 축소한 뒤에 이자율을 올릴 거예요. 즉 양적 완화를 축소하겠다는 것은 당장 돈을 안 풀겠다는 건 아니지만 반환점을 돌아서 긴축 기조로 나아간다는 의미거든요. 따라서 글로벌 경제 의존도가 높고 미국처럼 경기 회복세와 물가 상승 압력 또한 존재하는 우리나라는 연준의 행보와 금융시장의 변화를 모니터링하며 금리를 인상하는 쪽으로 갈 겁니다.

다행히 테이퍼링 이야기는 올해 계속 나왔기 때문에 이번 연준의 발표에 국내 금융시장은 비교적 잠잠했어요. 하지만 내년에는 금리 인상 소식에 시장이 촉각을 세울 거예요. 만약 시장의 기대를 뛰어넘는 정책이 나오면 미국은 물론 우리나라 금융시장도 출렁일 겁니다. 일종의 테이퍼 텐트럼이 올 수도 있죠.

예를 들어 미국이 자국 내 이자율을 빠르게 올리면 다른 나라도 발맞춰 빠르게 올릴 수밖에 없는데 그 과정에서 국제 자금의 움직임이 어떻게 될지, 과연 어느 나라가 큰 충격을 받을지 아무도 모릅니다. 앞서 말씀드렸습니다만, 미국이 유동성을 거둬들이면 여러 곳에서 골고루 빠지는 게 아니라 어딘가에서 한꺼번에 훅 빠지거든요. 우리나라를 포함해 전 세계 대부분의 국가가 그 대상이 될 수 있습니다. 누가 될지는 아무도 몰라요.

특히 이번 코로나처럼 전 세계가 동시에 경험한 위기는 드물기 때문에 금리 인상으로 한 나라의 경제가 무너지면 그 충격이 일파만파로 퍼져나갈 수도 있어요. 이런 불확실성에 대비하려면 경제의 편

더멘털fundamental, 즉 경제의 기초 체력을 튼튼하게 만들어놓아서 갑작스러운 자금 유출이 일어나지 않게 국제 금융시장으로부터 좋은 평가를 받아놓을 필요가 있습니다.

안 그래도 가계 부채가 위험 수준이라는 경고가 잇따르고 있는데, 이런 상황에서 금리를 인상했을 때 과연 우리 경제가 견딜 수 있을까요?

일단 돈을 빌린 사람 입장에서는 이자율이 올라가면 무조건 나쁘죠. 그렇다고 낮은 금리가 너무 오래가면 사람들이 점점 더 많이 빌릴 테니까 나중에 가서 더 큰 위기가 올 수 있습니다.

특히 우리나라의 경우 가계와 기업, 정부의 부채 증가 속도가 너무 빠르다는 게 문제입니다. 코로나 때문에 급한 대로 미래 소득을 끌어다 썼기 때문인데요. 이런 상황에서 갑자기 금리를 올렸을 때 계층별, 부문별로 충격이 가중될 수 있습니다. 특히 취약 계층에 대한 고려가 필요합니다. 그러면서도 자산 시장에 갑자기 거품이 터지지 않게 하고 경제 회복세에 부정적인 영향을 덜 미치도록 소위 말하는 '연착륙' 대책을 세워나가야 합니다.

앞으로 인플레이션이 통화정책에서 가장 중요한 요소가 될 거라고 말씀하셨는데요. 왜 누구는 인플레이션이 일시적이라고 하고, 누구는 인플레이션이 꽤 오랫동안 강력할 거라고 말하는지, 현재 일어나고 있는 인플레이션과 연관 지어 설명해주시면 좋겠습니다.

경제학에서는 인플레이션을 수요와 공급 측면으로 나누어서 보는데요. 지금 수요 측면에서 인플레이션을 압박하는 요인은 유동성입니다. 다만 앞으로 대부분의 국가에서 유동성은 회수될 거라는 데 의견이 일치하고 있고요.

따라서 지금 인플레이션이 장기화될 것인지 아닌지를 판단하는데는 공급 측면을 어떻게 보느냐가 핵심입니다. 예를 들어 최근에 차량용 반도체 부족 때문에 신차 공급에 차질이 생기자 미국 중고차 시장이 때 아닌 특수를 맞이하고 중고차 가격이 신차 가격을 추월하는 일까지 발생했죠. 우리나라의 경우 중국에서 요소수 생산에 차질을 겪으면서 요소수 품귀 현상이 있었습니다. 이런 글로벌 밸류 체인상의 충격이 공급 측 인플레이션을 발생시킬 수 있습니다.

문제는 앞으로 이런 일이 어느 산업, 어느 밸류 체인에서 생길지 모른다는 거죠. 연준은 공급망 병목 현상을 일시적인 것으로 보고, 앞으로 세계가 이 문제에 맞서 다변화 등으로 잘 대처할 것이기 때문에 인플레이션도 오래가지 않으리라고 말하는 거고요. 반대편에선 이런 일이 코로나 팬데믹 여파로 어디선가 반드시 또 생길 것이며 공급망 충격은 장기적으로 지속될 거라서 인플레이션이 생각보다 오래갈 거라고 경고합니다.

공급 측면에서 인플레이션 압력을 강화하는 또 다른 요인은 임금입니다. 지금 미국 같은 경우에는 임금 인상이 빠르게 이뤄지고 있는데요. 그럼에도 사람들이 직장으로 잘 안 돌아와서 고용 부족

문제가 심각하다고 하죠. 이 때문에 임금은 더 오를 수밖에 없을 테고요.

여기서 왜 노동 인구가 줄어들었는가에 대해서는 여러 분석이 있는데요. 봉쇄 조치로 이주 노동자가 감소하면서 고령화, 저출산 문제가 불거진 결과일 수도 있고요. 원격 근무 등 새로운 근무 환경 속에서 사람들이 '워라밸Work and life balance' 등을 추구하며 다른 일을 하기 시작해서 그럴 수도 있습니다. 아이를 보육 시설에 맡길 수 없거나 코로나19로 건강이 악화된 가족을 돌봐야 하는 사람들이 늘어난 것도 노동 인구가 줄어든 한 원인으로 보입니다.

물론 노동력 부족이 무조건 임금 상승을 유발하는 건 아닙니다. 실제로 많은 부문에서 인간의 노동이 기계와 인공지능으로 대체되고 있는데요. 이렇게 노동력을 덜 쓰는 방식으로 산업이 재편되면 고용난에 따른 공급 측 인플레이션은 오래가지 않을 겁니다. 이런 점 때문에 파월 의장이 앞으로 인플레이션이 더 갈지 아닐지는 아무도 모르는 일이라고 말하는 것일 테죠.

2022년 세계경제가 어떻게 전개될 거라고 보시는지요? 그리고 개인이나 정부는 무엇을 어떻게 준비해야 할까요?

2022년은 연준의 달라진 통화정책이 본격적인 테스트에 들어가는 때라고 보면 됩니다. 새로운 역사가 쓰이는 거죠. 일단 상반기에는 테이퍼링의 속도에 관한 이야기가 많이 나올 테고요. 테이퍼링이 끝나고 나면 언제 금리 인상을 시작할 것인가라는 문제가 떠오를 겁니다. 그럴 때 연준에서 고용률과 인플레이션을 어떻게 평가하고 있는지가 관건일 텐데요. 때문에 내년에는 금융시장을 비롯해 세계경제가 위로든 아래로든 요동칠 가능성을 염두에 두어야겠습니다.

그 과정에서 나쁜 충격을 받지 않도록 개인이나 기업은 불확실성에 유연하게 대처할 수 있는 포지션을 갖추길 권합니다. 그러려면 현재 지고 있는 부채의 속성을 좀 더 면밀하게 따져보면서 부실 위험을 파악하고 미리미리 부채 수준을 관리할 필요가 있습니다.

또한 거시경제의 변화를 자신과 동떨어진 일로만 생각하지 않았으면 좋겠습니다. 우리의 살림살이는 생각보다 거시경제의 변화에 큰 영향을 받고 있어요. 그리고 앞서도 여러 번 강조했지만 어떤 정책이든 긍정적인 효과와 부작용을 동시에 가지고 있거든요. 따라서 균형이고 적정 수준인가는 결국 사회적 판단을 요하게 됩니다. 정책의 문제이면서 실은 정치의 문제인 거죠. 선거에서 올바른 판단을 하기 위해서라도 거시경제에 대한 관심이 지속되었으면 합니다.

또한 우리나라 정부 부채 수준이 다른 나라보다 높지 않은 건 사실이지만 최근 올라가는 속도가 상당히 빠르다는 건 생각해볼 점입니다. 특히 우리나라는 통일이라는 특수한 이슈가 있기 때문에 좀 더 엄격하게 부채를 관리할 필요가 있어요. 단순히 부채가 몇 퍼센트인가가 중요한 게 아니라 부채가 누구에게 있고 어떤 속성을 지니는지 파악하는 게 중요하고요. 연준이 아주 오랫동안 양적 완화 정책을 펼쳤을 때 혹은 굉장히 빨리 양적 완화 정책을 그만뒀을 때 같은 상황에 대해 평소보다 더 열심히 대비해놓을 필요가 있습니다.

팬데믹 머니
이후의 투자

오건영 신한은행 IPS그룹 부부장

글로벌 금융시장의 전망을 비롯한 양질의 경제 지식을 네이버 카페와 페이스북 등 SNS를 통해 활발히 전하는 경제 전문가다. 신한 AI Advisory 본부, 신한금융지주 디지털전략팀과 신한은행 WM사업부 등을 두루 거치며 글로벌 매크로 마켓에 대한 전문적인 분석과 함께 신한금융그룹 내 매크로 투자 전략 수립, 대외 기관 및 고객 컨설팅 등 다양한 업무를 수행했다. 거시경제 전문가로서 다양한 투자 솔루션을 제공하며, KBS라디오와 MBC를 비롯한 방송 외에도 〈신사임당〉〈삼프로TV 경제의 신과함께〉〈김미경TV〉 등 다수의 유튜브 채널에도 출연해왔다. 서강대학교 사회과학부와 에모리대학교 고이주에타 경영대학원을 졸업했으며 미국 공인회계사 등 다수의 금융 관련 자격을 보유하고 있다. 저서로는 『부의 시나리오』『부의 대이동』『앞으로 3년 경제전쟁의 미래』가 있다.

지난 11월 3일 연준이 테이퍼링을 본격적으로 시작하겠다고 선언했습니다. 이는 앞으로 글로벌 경제가 긴축이라는 새 국면에 접어든다는 뜻일까요? 앞으로 있을 변화에 대처하기 위해 우리는 어떤 걸 주목해서 봐야 할까요?

일단 2008년 금융 위기 때의 테이퍼링과 이번 테이퍼링이 좀 다르다는 점을 이해할 필요가 있습니다. 과거에는 2013년 5월에 연준에서 처음 테이퍼링 가능성을 예고한 이후 시행할 때까지 꽤 긴 시간이 걸렸습니다. 실제로는 반년 정도 후인 2014년 1월부터 시작해 매달 양적 완화 규모를 축소해서 10월에 테이퍼링을 마쳤고, 그다음 단계인 금리 인상은 2015년도 12월에 가서야 이뤄졌습니다.

그런데 이번에는 조금 상황이 다른 게, 예상치 못한 변수가 하나 생겼습니다. 바로 '물가'입니다. 지금 미국 소비자물가지수가 30년 만에 최고치라는 얘기가 나오는데요. 이렇게 물가가 너무 높으면 미국 연준에서 돈을 풀기가 쉽지 않습니다. 자금을 공급해주는 통화정책의 제일 중요한 전제 조건은 '돈을 풀더라도 화폐 가치가 떨어지면 안 된다'거든요. 그런데 물가가 오른다는 건 화폐 가치가 떨어진다는 이야기입니다. 따라서 화폐 가치가 떨어질 거라는 기대 심리가 강한 상태에서 화폐가 계속 쏟아지면 그 가치는 더 빠르게 하락하게 되죠. 다시 말해, 물가가 우리의 예상보다 훨씬 빠르게 오를 수 있다는 겁니다.

미국 연준의 목표는 크게 두 가지입니다. 첫째는 성장을 끌어올리는 것입니다. 연방공개시장위원회의 성명에서 말하는 '완전고용'

은 결국 이 성장을 의미합니다. 둘째는 물가를 안정시키는 것입니다. 보통 연준에서는 물가 상승률을 2퍼센트 수준으로 유지하려고 합니다. 그런데 코로나19 이전에는 물가가 웬만해서 잘 안 오르니까 상대적으로 성장에 신경을 많이 썼습니다. 물가가 안 오른다는 확신이 있었기 때문에 성장을 견인하려는 목적으로 돈을 많이 풀 수 있었던 겁니다.

그런데 지금은 성장이 생각보다 덜한데, 물가는 생각보다 많이 오르는 상황입니다. 그러다 보니 연준으로서는 옛날과 달리 성장을 보면 금리를 내려야 되고, 물가를 보면 금리를 올려야 하는 딜레마에 빠져 있는 셈이죠. 이럴 때 가장 좋은 방법은 한쪽을 완전히 진압한 뒤에 다른 쪽을 수습하는 겁니다. 특히 이럴 땐 물가를 먼저 잡는게 정석적인 방법입니다. 따라서 앞으로 연준은 단기적으로 물가 쪽에 초점을 둔 긴축적인 전략을 쓸 것으로 보입니다.

사실 연준에서는 그동안 물가 상승이 일시적일 거라고 계속 얘기해왔는데요. 지금 예상을 벗어나서 물가가 이례적으로 빠르게 상승하고 있잖아요. 그 이유는 무엇인가요?

연준에서 물가 상승이 일시적이라고 본 데는 크게 세 가지 요소가 있습니다. 첫번째는 기저 효과라고 하는 통계적 착시 때문입니다. 예를 들어 국제 유가를 보면, 2020년 3월 배럴당 30달러대였는데 2021년 3월에는 60달러대에 이르거든요. 이렇게만 비교하면 전년 대비 올해 유가가 두 배나 뛴 걸로 보입니다. 그런데 사실 코로나19 이전이 60달러 수준이었거든요. 즉 원래대로 회복한 것에 불과한 건데 작년에 워낙 가격이 떨어지다 보니 지표를 평가하는 과정에서 실제보다 더 많이 오른 듯한 착각을 불러일으키는 겁니다.

두 번째 요소로는 보복 소비와 경기 부양책을 꼽을 수 있습니다. 코로나19로 일상생활을 하지 못하게 되면서 억눌렸던 사람들의 소비 심리가 폭발하면 갑자기 소비가 증가할 수 있습니다. 하지만 이런 보복 소비도 한두 번이지 계속할 수는 없죠. 마찬가지로 경기 부양을 위해 시행된 세금 감면이나 대출 지원, 정부 지출 확대 등도 재정 적자나 경기 과열 등을 고려했을 때 한시적으로만 운영될 거예요. 따라서 이 둘은 순간적으로 수요를 촉진해 일시적인 인플레이션을 유발할 수 있지만 지속시킬 수는 없다는 게 연준의 생각이었습니다. 그리고 여기까지는 연준의 예상이 어느 정도 맞았고요.

하지만 세 번째 공급망 이슈에 대해서는 예상이 빗나갑니다. 사실 연준은 공급망 이슈를 너무 쉽게 생각했던 것 같습니다. 코로나19 위기 때 수요가 워낙 약했으니까요. 그런데 경기 부양책을 세게 쓰면서 수요가 팍 튀어버렸습니다. 사실 수요를 늘리는 건 즉각적으로 가능합니다. 예를 들어 정부에서 재난 지원금을 주면 그다음 날 바로 쓸 수 있잖아요. 하지만 공급은 그럴 수 없습니다. 공급을 늘리려면 사람을 채용해야 하고, 교육도 시켜야 하고, 생산 설비를 늘려야 하고, 원자재를 확보해야 하고, 더 많은 제품을 소비자에게 전달하기 위한 물류 시스템도 갖추어야 하는데, 이 모든 것을 하루아침에 할 수는 없거든요. 따라서 수요가 올라오는 시기와 공급이 올라오는 시기 사이에 간격이 생기면서 순간 물가가 뛰는 현상이 나타나게 됩니다. 여기서 연준은 결국 공급이 올라올 테니 물가 상승이 일시적이라고 본 거고요. 하지만 예상과 달리 공급이 생각보다 빨리 올라오지 못하고 있죠.

처음에는 실업 수당 때문에 사람들이 일터로 돌아오지 않아서 그런 줄 알았어요. 그런데 이제 실업 수당을 안 주는데도 사람들이 안 와요. 그래서 계속해서 변이 바이러스가 출현하기 때문인가 생각했어요. 현재 글로벌 공급망은 완제품을 만들 때까지 이건 베트남에서 이건 미국에서 이건 중국에서 가져오는 식이라서, 한 곳이 멈추면 전체가 멈춰버리는데요. 예를 들어 코로나 유행이 있을 때마다 베트남에서 록다운을 아주 철저하게 했거든요. 그 때문에 베트남에서 물품을 조달하는 기업들이 생산을 하지 못해 어려움을 많이 겪었습니다. 그 밖에도 공급망 관련 이슈가 예상치 못한 곳에서 생각보다 많이 튀어나오고 있고 그 해결이 더디게 진행되고 있다는 점이 지금 물가 상승을 부추기고 있다고 보면 됩니다.

말씀하신 대로라면 당분간 긴축적인 기조가 유지될 수밖에 없어 보이는데요. 특히 지금 부채가 많은 상태다 보니 사람들이 금리를 인상할까 봐 노심초사하고 있거든요. 일단 연준은 테이퍼링이 끝난다고 곧바로 금리를 올리

지는 않을 거라고 강조했지만 앞으로 상황에 따라 바뀔 수도 있지 않을까요? 향후 연준의 정책 변화를 전망할 때 어떤 요소들을 보면 좋을까요?

우선 물가, 특히 기대 인플레이션을 눈여겨보라고 말씀드리고 싶습니다. 연준은 지금 물가가 올라가 있는 것도 중요하지만, 물가 상승에 대한 기대감이 사람들한테 생기는 걸 훨씬 두려워하고 있거든요.

왜 그러냐면요. 쉬운 예로, 집값이 오를 것 같아서 사람들이 막 집을 사면 예상대로 실제 집값이 올라버리잖아요. 마찬가지로 인플레이션이 올 것 같다는 기대가 형성되면 사람들은 화폐 가치 하락을 방어할 수 있는 헤지 자산을 찾아요. 만약에 그게 원유라고 해봅시다. 너도나도 인플레이션 헤지용으로 원유를 사면, 실제 유가가 오르고 덩달아 물가도 올라요. 그랬더니 사람들이 헤지용으로 원유를 더 사는 겁니다. 이런 식으로 악순환이 되풀이되면 물가가 계속 상승할 수 있습니다.

요즘 이슈인 원자재도 똑같아요. 지금처럼 원자재 값이 계속해서 오르는 상황이라면 공장은 원자재 재고를 넉넉히 쌓아놓았다고 해도 앞으로 가격이 더 오를까 봐 불안해 가능한 만큼 여유분을 더 많이 확보하려 들 거예요. 이렇게 인플레이션에 대한 기대가 생기면 미래에 있는 소비를 현재로 당겨오기 때문에 물가 상승세가 생각보다도 더 강하게 그리고 오래 지속될 수 있습니다. 그래서 연준에서도 "기대 인플레이션이 작동하기 시작하면 언제든 행동에 나설 것이다"라고 이야기하는 겁니다. 그때가 가장 위험하니까요.

그래서 당장 긴축이 시작되고 금리가 오른다고 확신할 수는 없지만, 연준이 시장의 예상보다 조금 더 빠르게 움직일 가능성은 고려해두시는 게 좋습니다.

금리가 인상되면 자산 시장 거품과 가계 부채 부실화 등을 일으켜 굉장히 큰 복합 위기, 즉 '퍼펙트 스톰perfect storm'을 야기할 수 있다는 이야기가 나오는데, 이에 대해서는 어떻게 생각하시나요?

금리가 올라가면 꼭 시장이 무너질까요? 사실 금리가 오르더라도 성장이 더 세게 나오면 괜찮거든요. 지금 성장이 올라오고 있는 것은 확실합니다.

IMF는 올해 우리나라 경제성장률을 4퍼센트 수준으로 보고 있고요. 골드만삭스에선 올해 미국 경제성장률을 한 6퍼센트 수준, 내년에도 3~4퍼센트 수준으로 보고 있습니다. 물론 정부에서 대규모 경기 부양책을 쓴 결과이기도 할 거예요. 그럼에도 이제껏 연평균 2퍼센트씩 성장하는 나라들이 두세 배나 빠르게 성장하는 건 엄청난 일이긴 합니다.

흔히 1970년대와 같은 저성장·고물가의 스태그플레이션을 우려하는 사람들이 있는데 그때는 마이너스성장도 나왔기 때문에 지금과 상황이 달라요. 따라서 현재로서는 '둠스데이Doomsday가 온다'고 단언하기엔 조금 어렵지 않나 생각합니다.

미국 증시는 매우 강한 상승 추세를 보이는 반면 한국이나 중국 증시는 불안한 모습입니다. 미국과 세계경제 추세의 분리, 즉 디커플링decoupling이 일어나는 것은 아닌지요? 만약 그렇다면, 그 이유는 무엇일까요?

2021년 전 세계 경제성장률이 5~6퍼센트로 예상되는데, 사실 이게 평균값이다 보니 모든 나라에서 그 정도의 성장이 나오는 건 아니거든요. 현재 미국은 높은 성장률을 기록하고 있으며 앞으로 서비스업을 중심으로 빠르게 소비가 회복될 것이라는 기대가 형성되어 있어요. 하지만 다른 나라들은 사정이 다르죠. 아직 성장이 그만큼 안 나오고 있는 곳도 있고요. 이런 상황에서 미국이 금리를 올려버리면 미국은 버텨내더라도 다른 나라들은 휘청거릴 수 있습니다.

그럼 어디에 투자하는 게 좋을까요? 물가가 올라가도 버틸 수 있고, 금리가 올라가도 흔들리지 않는 튼실한 성장, 차별적인 성장을 해낼 수 있는 나라에 해야죠. 답은 미국을 비롯한 선진국입니다. 이러다 보니 미국에 돈이 모이고 그 돈이 다시 성장을 견인하는 순환 구조가 일어나죠. 지금 디커플링은 이런 인식이 시장에 반영된 결과라고 볼 수 있습니다. 다만 미국 주식시장에 투자 자금이 몰려들면서 버블 우려가 나오고 있으니, 만약 미국 주식시장에 관심을 갖고 투자하고 있다면 그런 낌새는 없는지 유의해서 살펴볼 필요가 있습니다.

금리 인상은 미국이 하는데 오히려 그 파고는 우리나라 같은 곳이 맞는다는 것이 좀 불공평해 보입니다.

그런 측면이 없지는 않지만 미국을 제외한 다른 나라들이 모두 힘들어하면, 미국에게도 마냥 좋지만은 않습니다. 예를 들어 2018년도에 미국이 여러 차례 금리를 올리면서 세계경제가 힘들어했고, 우리나라 증시도 크게 출렁였는데요. 다른 나라들이 다 힘들어 하니까 마지막엔 미국 시장도 흔들렸어요.

이처럼 아무리 미국 경기가 좋더라도 다른 나라들이 힘들어지면 결국 전 세계 경제성장의 파이가 줄어들기 때문에 결국에는 미국 경제에도 타격을 줄 수 있습니다. 미국은 향후 이런 점들을 염두에 두고 상황을 주시하면서 신흥국들의 숨통을 너무 죄지 않게 조절을 잘해야 할 거예요.

앞으로 닥쳐올 국면에서 아무리 시장이 혼란스러워도 중심을 갖고 현명한 투자를 하려면 어떻게 해야 할까요?

사실 거시경제 환경이 너무 빠르게 변하고 있어요. 지난 10년간 저성장·저물가 시대였는데 지금은 성장이 더 나올 수도 있고 물가가 더 오를 수도 있는 상황이거든요. 따라서 달라진 환경을 정확하게 인지하고 새로운 변화에 적응하려고 노력해야 합니다.

예를 들어서 지난 10년 동안 사람들은 물가는 오르지 않고 금리는 계속 낮은 상태로 유지될 거라고 생각했거든요. 그래서 장기 채권이 인기가 있었어요. 앞으로 금리가 더 내려가기 전에 미리 사두자는 건데요. 반대로 앞으로 금리가 올라갈 거고 계속 오를 거라고 본다면 지금 장기 채권을 사놓는 것보다 나중에 금리가 올랐을 때 사는 게 훨씬 유리합니다. 따라서 앞으로는 장기 채권보다 상대적으로 단기 채권의 인기가 더 높아질 수 있습니다.

주식도 마찬가지입니다. 그동안 중앙은행이 막대한 돈을 풀면서 지수 전체가 잘 나가는 국면이었다면, 이제는 물가가 오르고 금리가 오르는 척박한 환경에서 살아남을 수 있는 기업들을 잘 가려서 투자해야 합니다.

앞으로 테이퍼링 국면에서 자산 시장은 변동성이 더 높아질 수 있습니다. 따라서 다양한 경제 시나리오들과 자산들에 관심을 갖고 공부하는 게 중요하고요. 각 시나리오별로 잘 살아남을 수 있는 자산들을 선별해 포트폴리오를 구성하여 분산투자를 하는 게 적절해 보입니다.

연준의 테이퍼링 선언에 달러 강세도 이어지고 있는데요. 혹시 달러 투자는 어떻게 보시나요?

달러는 시장의 흔들릴 때 뛰어 올라가는 자산입니다. 특히 환경이 빠르게 바뀌면서 중간중간 시장이 적응하지 못하고 흔들리는 순간이 찾아올 텐데 이럴 때 항상 튀어 오르면서 포트폴리오의 균형을 잡아주는 게 달러예요. 그래서 저는 환차익을 기대할 목적보다는 위험을 헤지할 목적으로 포트폴리오에 달러를 일부 담아가는 건 괜찮다고 봅니다.

팬데믹 머니의 풍경을 한마디로 제시하면 '포모FOMO'가 아닌가 합니다. 단기간에 급등한 부동산과 자산 가격이 누군가에게는 큰 기회이지만, 누군가에겐 큰 상실감으로 다가왔을 테니까요. 앞으로 부의 미래는 어떤 모습일까요?

오늘날 인플레이션이 올 것이다 또는 금리가 올라갈 것이다 같은 이야기들이 많이 나오고 있기는 하지만 저는 현재 전 세계의 부채가 워낙에 많기 때문에 금리를 옛날 수준으로 드라마틱하게 올리기는 쉽지 않다고 봅니다. 따라서 지금 같은 저성장·저금리 기조가 이어진다고 봤을 때 저축만으로는 답이 없으니까 투자에 관심을 갖는 사람들은 더 늘어날 거고요. 물론 그 과정에서 나만 기회를 놓치고 뒤처지고 있는 것 아닌가 하는 위기감이 심해져서 포모 증후군이나 '영끌' 같은 폐해가 나타날 수도 있다고 생각합니다.

특히 이번 코로나19 사태는 누구도 예상치 못한 보건의 위기였습니다. 모든 사람이 일상이 송두리째 바뀌는 거대한 단절을 겪은 셈이죠. 이제 사람들은 투자를 할 때 코로나 같은 엄청난 위기에 노출될 가능성을 염두에 두기 시작할 겁니다. 그만큼 불확실성에 대비하기 위해 다양한 자산을 공부하고 안전 자산을 확보함으로써 안정적이고 유연한 포트폴리오를 구성하는 데 관심이 커질 테죠.

다행히 요즘은 온·오프라인상의 다양한 채널을 통해 점점 더 많은 사람들이 경제를 공부하고 투자 정보를 공유할 수 있게 되었습니다. 그 결과 앞으로 대중적인 투자 문화가 형성되고 우리나라 금융 시장이 긍정적인 방향으로 발전하리라고 생각합니다.

KBS 다큐 인사이트 〈팬데믹 머니〉를 만든 사람들

책임프로듀서 서용하 | 프로듀서 조정훈 | 연출 이윤정 | 작가 유수진 | 프레젠터 윤종훈 | 조연출
이학원 | 자료조사 안선주 김미향 | 촬영 추재만 | 테크니컬매니저 김승준 | 특수영상 KBS미디어텍
| 일러스트 ALEC LABO | 해외특파원 강윤기 안주식 류종훈 이호경

팬데믹 머니

초판 1쇄 발행 2021년 12월 7일

지은이 | KBS 다큐 인사이트 〈팬데믹 머니〉 제작팀

발행인 | 이재진   단행본사업본부장 | 신동해
편집장 | 김경림   책임편집 | 이민경   교정교열 | 김찬성
디자인 | studio forb   마케팅 | 이화종 문혜원
홍보 | 최새롬 권영선 최지은
제작 | 정석훈

브랜드 | 리더스북
주소 | 경기도 파주시 회동길 20
문의전화 | 031-956-7430(편집) 02-3670-1024(마케팅)
홈페이지 | www.wjbooks.co.kr
페이스북 | www.facebook.com/wjbook
포스트 | post.naver.com/wj_booking

발행처 | ㈜웅진씽크빅
출판신고 | 1980년 3월 29일 제 406-2007-000046호

© KBS, 2021
ISBN 978-89-01-25471-5 03320